民法典

百姓生活案例图解——物权编

王中宝 主编

图书在版编目(CIP)数据

民法典百姓生活案例图解.物权编/王中宝主编.—合肥:安徽大学出版社,2023.1(2024.11 重印)
ISBN 978-7-5664-2524-9

Ⅰ.①民… Ⅱ.①王… Ⅲ.①物权法-案例-中国 Ⅳ.①D923.05

中国版本图书馆 CIP 数据核字(2022)第 220066 号

民法典百姓生活案例图解
——物权编

王中宝 主编

出版发行:	北京师范大学出版集团 安 徽 大 学 出 版 社 (安徽省合肥市肥西路3号 邮编230039) http://www.bnupg.com http://www.ahupress.com.cn
印　　刷:	廊坊市博林印务有限公司
经　　销:	全国新华书店
开　　本:	690 mm×960 mm　1/16
印　　张:	9.25
字　　数:	148千字
版　　次:	2023年1月第1版
印　　次:	2024年11月第2次印刷
定　　价:	39.80元

ISBN 978-7-5664-2524-9

策划编辑:马晓波　蒋　松		装帧设计:徐荣强	
责任编辑:马晓波		美术编辑:李　军	
责任校对:刘婷婷		责任印制:陈　如　孟献辉	

版权所有　侵权必究

反盗版、侵权举报电话:0551—65106311
外埠邮购电话:0551—65107716
本书如有印装质量问题,请与印制管理部联系调换。
印制管理部电话:0551—65106311

前　言

《中华人民共和国民法典》（以下简称《民法典》）是一部真正意义上的"社会生活百科全书"，是我国第一部以"法典"命名的法律，在法律体系中居于基础性地位，也是市场经济的基本法。

《民法典》的实施，是我国法制建设史上的一个里程碑，对于推进国家治理体系和治理能力的现代化，不断满足人民群众对美好生活的向往，将会产生重要的影响。

随着社会发展进程的不断推进，国家的法律也在不断地成熟和完善。"民有所呼，法有所应"，是《民法典》追求的最终目标。

根据党和政府的精神以及习近平总书记的指示，《民法典》的普法工作将会作为"十四五"时期普法工作的重点。特别是要引导群众养成自觉守法的意识、形成遇事找法律的习惯，培养群众解决问题靠法律的意识和能力。更要把《民法典》纳入国民教育体系，加强对青少年的普法教育，弘扬社会主义核心价值观。

多年的普法实践证明，普法教育对于普及法律知识、提高公民法制观念、增强全社会依法办事意识具有十分重要的作用。特别是对老年人、未成年人、残疾人、妇女、农村居民等进行全面普法教育，是提高全民法律素质的需要。保护好广大人民群众自身的合法权益，是构建和谐社会的基础。

为此，我们特别编撰了"民法典百姓生活案例图解"系列图书。内容主要包括广大人民群众应知应懂、实际实用的民法条款，同时采用生动案例阐述相应条款的释义、具体实施等，每本书都附有《民法典》的相关条文。

本丛书根据内容还配有精美的漫画插图，图文并茂，排版采用了大字号方便阅读。因此，本丛书具有很强的可读性、学习性、实用性和指导性，是广大人民群众学习民法的良师益友。

本丛书编写组
2022年10月10日

目 录

物权编：如何保护财产权益 // 1

一房二卖，哪份房屋买卖合同有效？// 3

买房预告登记和产权证哪个有效？// 7

被儿子算计了拆迁款怎么办？// 10

如何区分夫妻共同财产与家庭共有财产？// 13

土地、房屋等不动产征收，应该如何补偿？// 17

将小区公共道路私改收费车位，是否侵害业主权利？// 21

小区对外出租车位，收入归谁？// 25

如何正确收取并使用物业维修基金？// 29

业主在社区公共地区私自乱建，物业公司应该怎么办？// 33

邻居严重扰民，应该怎么处理？// 37

共有车辆出事故，谁的责任？// 41

按份共有人转让共有份额，需要注意什么？// 44

未经同意出卖他人财产，买受方能取得其财产所有权吗？// 48

捡到遗失物后怎么办？// 52

农村土地的"三权分置"政策，承包人应注意什么？// 55

国家机关和国家所有财产的关系是什么？// 58

国有自然资源使用权为什么不能续期了？// 61

承包期内土地为什么被收回了？// 64

建设用地的使用权人有哪些权利？// 68

住宅产权到期后，房主是否仍然享有房屋产权？// 72

城镇户口能够取得农村宅基地使用权吗？// 76

居住权可以对抗所有权吗？// 79

居住权可以被继承吗？// 82

我的"地盘"，为什么要给别人行方便？// 86

撞坏作为担保物的汽车，修车费谁来承担？// 90

房产抵押没有登记有效吗？// 94

债权可以脱离抵押权单独转让吗？// 98

未到还款日，质押物被变卖怎么办？// 102

借出的东西，借方不承认怎么办？// 106

附录：中华人民共和国民法典·物权编 // 109

物权编：
如何保护财产权益

一房二卖，哪份房屋买卖合同有效？

生活小案例

李某与王某签订了房屋买卖合同，合同约定王某将其房屋以65万元的价格卖给李某。双方约定：在李某预先支付20万元首付款后，王某协助李某办理该房屋的过户手续，剩余款项以该房屋抵押所贷款项一次性支付给王某。

到约定日期当天，李某将首付款按约定给付王某后，在请求王某协助办理房屋登记时，王某说家中有急事，预计推迟一星期，李某默许。

后经查发现，王某以高出李某购房款20万元的价格与赵某签订了房屋买卖合同。李某得知后应该如何确保得到房屋实际权益呢？

 **案例分析**

　　本案系房屋二重买卖的典型案例，不仅涉及合同效力与履行问题，还涉及物权变动的法定方式问题。

　　在本案中，王某虽然先后两次以房屋为标的，与李某、赵某二人签订买卖合同，但均未与买房人（李某、赵某）进行房屋产权变更登记，依据《民法典》的规定，王某从始至终都是房屋的所有权人。

　　作为房屋的所有权人，王某有权与他人签订房屋买卖合同，处分其财产。同时，王某与李某、赵某签订的两份房屋买卖合同均是他们真实意思的表示，并且内容不存在违法之处。

　　因此，两份房屋买卖合同均是合法有效的，具有同等的法律效力，李某和赵某均可以依据合同要求王某履行合同义务，向其交付房屋，并完成房屋产权变更登记。

　　但是，房屋仅有一套，王某只能选择其中一方履行合同义务，对另一方需承担合同不能履行的违约责任。对此，李某可以要求王某承担违约责任，或督促王某及时履行合同，在王某不履行或延迟履行时，应尽快通过司法途径解决。

 **关联法条**

《中华人民共和国民法典》

　　第二百零八条　不动产物权的设立、变更、转让和消灭，应当依照法律规定登记。动产物权的设立和转让，应当依照法律规定交付。

　　第二百零九条第一款　不动产物权的设立、变更、转让和消灭，经依法登记，发生效力；未经登记，不发生效力，但是法律另有规定的除外。

　　第二百一十四条　不动产物权的设立、变更、转让和消灭，依照法律规定应当登记的，自记载于不动产登记簿时发生效力。

第二百一十五条 当事人之间订立有关设立、变更、转让和消灭不动产物权的合同，除法律另有规定或者当事人另有约定外，自合同成立时生效；未办理物权登记的，不影响合同效力。

第二百二十四条 动产物权的设立和转让，自交付时发生效力，但是法律另有规定的除外。

第二百二十五条 船舶、航空器和机动车等的物权的设立、变更、转让和消灭，未经登记，不得对抗善意第三人。

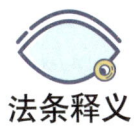

法条释义

以上条文是《民法典》对物权变动方式与合同效力的相关规定。

物权变动，一般是指物权的发生、转移、变更和消灭，包括不动产的物权变动和动产的物权变动。所谓不动产，是指依据自然性质或法律规定，不可移动的财产或与土地尚未脱离的土地生成物、因自然或者人力添附于土地并且不能分离的其他物，如土地、房屋等土地定着物。所谓动产，是指能够脱离原有位置而存在的资产，可以简单理解为移动不损耗其价值的物品或是财产，如电视、汽车等。我国物权变动一般采用"动产交付，不动产登记"的方式：

（1）动产物权的设立和转让，自交付时发生效力，但是法律另有规定的除外。例如，自出卖人将手机交付给买受人之时，手机的物权便已经转移给买受人。

需要注意的是，船舶、航空器和机动车等特殊属性的动产，虽然适用动产物权变更的一般方式，但是交付后未进行变更登记的,不能对抗善意第三人。例如,购买的车辆交付后,买受人未到车辆交易大厅或车管所进行权属变更,此时车辆仍然登记在出卖人名下,虽然该车辆的权属已发生变更,可是如果出卖人恶意处置该车辆给付不知情的第三人时,一旦符合善意取得的情况,买受人所获得该车辆权属便已经被善意第三人"劫取"了。

（2）不动产物权的设立、变更、转让和消灭,应当依照法律规定进行登记;未经依法登记的,不发生物权变动的效力。例如,买房只有到房产登记机关办理"过户"登记,才可以发生房屋产权的变更,不登记即不发生产权变动。所交付动产与不动产应依据法定方式进行权属变动,但是依据法律规定,双方就物权变动所签订合同的效力并不受影响,仍然自成立时发生效力。

买房预告登记和产权证哪个有效?

生活小案例

王某和丈夫何某出售一套自有商品房。王某将房子卖给了郑某。第二天,郑某如约交付了一半房款,王某将房子钥匙交给了郑某。

王某跟郑某协商,由于产权证上是夫妻二人的名字,所以希望等丈夫出差回来,郑某再付另一半房款和办理产权过户登记。郑某表示同意,但是他担心房子在过户前被再次出售,所以办理了预告登记。

一个月后,何某又将房子提高价格卖给了刘某,并办理了房屋产权转让登记手续。那么,房子到底属于郑某还是刘某呢?

 **案例分析**

在本案中，涉及预告登记与一般不动产登记的关系问题。一般不动产登记是指不动产物权在已经完成状态下所进行的登记，而预告登记则是为了保全将来发生的不动产物权而进行的一种登记。

本案中由于郑某先进行了预告登记，所以郑某获得了对所签房屋或不动产的优先购买权，即如果有其他买受人或者抵押权人等，都不能对已经完成预告登记的买受人主张权利。

因此，郑某获得对该房的优先购买权，王某夫妻必须按约定在收到购房余款的情况下将房屋转让给郑某，同时协助郑某办理房屋转让登记手续。而且，何某的做法也伤害到了刘某，所以刘某可以向何某主张违约责任。

 **关联法条**

《中华人民共和国民法典》

第二百一十四条　不动产物权的设立、变更、转让和消灭，依照法律规定应当登记的，自记载于不动产登记簿时发生效力。

第二百二十一条　当事人签订买卖房屋的协议或者签订其他不动产物权的协议，为保障将来实现物权，按照约定可以向登记机构申请预告登记。预告登记后，未经预告登记的权利人同意，处分该不动产的，不发生物权效力。

预告登记后，债权消灭或者自能够进行不动产登记之日起九十日内未申请登记的，预告登记失效。

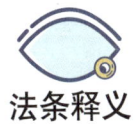

法条释义

以上条文是《民法典》关于预告登记的相关规定。

当事人签订买卖房屋或者其他不动产物权的协议,为保障将来实现物权而按照约定可以向登记机关申请预告登记。"预先登记后,未经预告登记的权利人同意,处分该不动产的,不发生物权效力。"

另外,在办理预告登记以后,未经预告登记权利人的同意,房产无法再行办理抵押登记,即便违法办理了抵押登记,也不发生物权效力。那么这时候,就可以有效防止购买的房产被抵押。

当然,办理预告登记后,并不导致不动产物权的设立或变动,而只是使登记申请人取得一种请求将来发生物权变动的权利。纳入预告登记的请求权,对后来发生与该项请求权内容相同的不动产物权的处分行为,具有排他效力,以确保将来只发生该请求权所期待的法律结果。

但是需要注意,《民法典》第二百二十一条规定:"预告登记后,债权消灭或者自能够进行不动产登记之日起九十日内未申请登记的,预告登记失效。"所以,预告登记有时效性,申请人要抓紧时间办理房屋转让登记手续。

被儿子算计了拆迁款怎么办?

生活小案例

孟阿姨年轻时便守寡,她一个人含辛茹苦地将儿子小辉拉扯长大。小辉成家立业后赚了一笔钱,便将家里的旧屋拆除重建,将东厢房给母亲居住。没想到几年后,孟阿姨家所在的村子进行规划,他们要拆迁搬到新楼房。在签订房屋补偿协议时,小辉擅自将母亲居住的房屋和所有的宅基地都记录在自己名下,把原本属于母亲的补偿款也据为己有。

由于平时小辉不是很孝顺,孟阿姨又没有多少积蓄,花钱很不方便,就要求小辉将自己应得的补偿款还给自己。没想到小辉不但不给,还对母亲破口大骂。孟阿姨伤心悲痛之下,向法院起诉,请求法院判令儿子小辉归还自己应得的房屋和补偿款。

案例分析

在本案中，涉案房屋和宅基地的真正主人都是孟阿姨，所以她有权主张儿子小辉返还。而小辉明明知道这个事实，却依然将房屋和宅基地记录在自己名下，而且私吞孟阿姨的房屋和补偿款，属于恶意占有，依法应当返还。

因此，法院查验核实当时所实施的《房屋征收补偿协议》及《房屋征收清单》具体内容后，对孟阿姨的权益进行了保护。由于他们已经住进新房，孟阿姨的应得房屋面积已经与小辉的应得房屋面积合并在一起，所以法院判令：被告小辉返还孟阿姨应得的征收补偿款。

关联法条

《中华人民共和国民法典》

第二百零七条 国家、集体、私人的物权和其他权利人的物权受法律平等保护，任何组织或者个人不得侵犯。

第二百三十五条 无权占有不动产或者动产的，权利人可以请求返还原物。

《中华人民共和国老年人权益保障法》

第十六条 赡养人应当妥善安排老年人的住房，不得强迫老年人居住或者迁居条件低劣的房屋。

老年人自有的或者承租的住房，子女或者其他亲属不得侵占，不得擅自改变产权关系或者租赁关系。

老年人自有的住房，赡养人有维修的义务。

法条释义

以上条文是《民法典》《中华人民共和国老年人权益保障法》关于占有权和老年人权益保护的相关规定。

房屋是重要财产,是每个人安身立命的根本,对于老年人来讲尤为重要。房子不仅代表一个住所,更是一份心中的依靠。因此,成年子女及亲属应当保障老年人能够妥善居住,不得强迫老人居住在条件低劣的房屋中,更不得以骗取、强行索取、窃取等方式侵犯老年人的住房权益。这不仅仅是法律上的责任,更是为人的基本良知。

《中华人民共和国老年人权益保障法》为了保障老年人的居住问题,还明确了两方面的优先照顾:一是老年人在其产权或者承租的住房拆迁安置中,享受优先选择楼层的待遇;二是如果是贫困纯老年人户,要优先纳入廉租房保障范围之内。

如何区分夫妻共同财产与家庭共有财产?

生活小案例

小峰和彤彤曾经是一对恩爱的小夫妻,他们和小峰的父母一起生活。小夫妻相互扶持做小生意,婚后买了一套商品住房和一个底商店铺,产权记载都是小峰和彤彤各占百分之五十份额。

但是日子久了,小夫妻摩擦越来越多,到了婚姻破裂的地步。彤彤起诉离婚时,认为住房和商铺属于夫妻共同财产,请求分割。而小峰认为,买房子时自己父亲出了很多钱,父母和他们两个共同生活,店铺也是四个人共同经营,而且办理产权登记时,父母也没有明确表示放弃,因此属于家庭共有财产。对此,法院会怎样判决呢?

案例分析

本案的争议焦点在于涉案商品住房和底商店铺是夫妻共同财产还是家庭共有财产。夫妻共同财产是指夫妻在婚姻关系存续期间所得的财产,归夫妻共同所有;家庭共有财产是指全体家庭成员共同生活期间所创造的,供全体家庭成员生活、生产的财产。

彤彤认为,两处不动产是婚后夫妻二人打拼所购得的,而且在不动产登记簿上也是两个人的名字,虽然小峰的父亲支持了一笔钱用于买房,但只是一部分,不能作为家庭共有财产的依据。而且,不动产的归属应该以产权登记为准,居住房和商铺属于夫妻共同财产。

小峰认为,他和彤彤没有以夫妻双方为基础独立生活,购买的不动产也是他俩和自己父母共同占用、使用和经营的。因此,涉案不动产应该属于家庭共有财产。

《民法典》第二百一十六条规定:"不动产登记簿是物权归属和内容的根据。不动产登记簿由登记机构管理。"不动产登记簿作出了权利的确定,小峰和彤彤各占涉案不动产百分之五十的份额,登记簿的记录具有物权的排他性,也就是小峰父母所有权的排他性。所以,涉案的两处房产属于夫妻共同财产。

关联法条

《中华人民共和国民法典》

第二百一十六条 不动产登记簿是物权归属和内容的根据。

不动产登记簿由登记机构管理。

第二百一十七条 不动产权属证书是权利人享有该不动产物权的证明。不动产权属证书记载的事项,应当与不动产登记簿一致；记载不一致的，除有证据证明不动产登记簿确有错误外，以不动产登记簿为准。

第二百二十条 权利人、利害关系人认为不动产登记簿记载的事项错误的，可以申请更正登记。不动产登记簿记载的权利人书面同意更正或者有证据证明登记确有错误的，登记机构应当予以更正。

不动产登记簿记载的权利人不同意更正的，利害关系人可以申请异议登记。登记机构予以异议登记，申请人自异议登记之日起十五日内不提起诉讼的，异议登记失效。异议登记不当，造成权利人损害的，权利人可以向申请人请求损害赔偿。

法条释义

以上条文是《民法典》关于物权归属的相关规定。

《民法典》规定不动产归属由登记机构确权，以登记机构保管的不动产登记簿为依据。不动产登记簿是指记载不动产上的权利状况并备存于特定机关的簿册。主要功能有以下三点：

（1）不动产登记簿便于国家对有关不动产的监督与管理，便于人民法院在发生纠纷时确定责任归属问题。

（2）不动产登记簿是有效表明权利人的源证明文件，能够清晰展现不动产上的权利变动状况，因此具有无可争辩的权威性。

（3）就第三人而言，不动产登记簿具有公信力。

除了不动产登记簿，还有不动产权属证书可以作为某人享有不动产物权的证据，当事人之间发生权属争议时，一般情形下可以依据不动产权属证书来解决纷争，确认权利。

当不动产登记簿和不动产权属证书记载内容不一致时，不动产的权利人或者利害关系人可以先去登记机构申请更正登记或异议登记，然后再起诉确权。

在这里要明确两点：一是在起诉确权的时候，不动产登记簿应当处于"异议登记"的状态，以异议登记状态对抗登记簿确权效力。二是申请人自异议登记之日起十五日内不提起诉讼的，异议登记失效。

土地、房屋等不动产征收，应该如何补偿？

生活小案例

王家村征迁工作已启动，政府现成立征迁领导小组，负责王家村的征迁事宜。这次征迁土地中涉及王某家承包荒山以及房屋等财产。王某一家人并没有经历过这样的事情，如何保证本次征迁过程中自己的合法权益呢？

 **案例分析**

本案涉及不动产征收补偿问题。本案中，首先需确定王某为本次征收的合法受偿主体，王某应提供相关土地及房屋的权属证明；他所能够获得的补偿包括但不限于土地补偿费、安置补助费以及农村村民住宅、其他地上附着物和青苗等的补偿费用，其中征收农用地的土地补偿费、安置补助费标准由所在地区通过制定区片的综合地价确定。

制定区片的综合地价应当综合考虑土地原用途、土地资源条件、土地产值、土地区位、土地供求关系、人口以及经济社会发展水平等因素，政府至少每三年调整或者重新公布一次，需要被征收对象查询注意。

涉及不动产征收工作的后续争议问题，法律处理方式主要有行政诉讼、行政复议、行政复议裁决、民事诉讼、征地补偿协调、裁决等，但是都需要根据个案的不同特点，启动不同的法律程序。

 **关联法条**

《中华人民共和国民法典》

第二百四十三条　为了公共利益的需要，依照法律规定的权限和程序可以征收集体所有的土地和组织、个人的房屋以及其他不动产。

征收集体所有的土地，应当依法及时足额支付土地补偿费、安置补助费以及农村村民住宅、其他地上附着物和青苗等的补偿费用，并安排被征地农民的社会保障费用，保障被征地农民的生活，维护被征地农民的合法权益。

征收组织、个人的房屋以及其他不动产,应当依法给予征收补偿,维护被征收人的合法权益;征收个人住宅的,还应当保障被征收人的居住条件。

任何组织或者个人不得贪污、挪用、私分、截留、拖欠征收补偿费等费用。

第二百六十四条 农村集体经济组织或者村民委员会、村民小组应当依照法律、行政法规以及章程、村规民约向本集体成员公布集体财产的状况。集体成员有权查阅、复制相关资料。

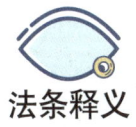

法条释义

上述条文是《民法典》对农村征收补偿的相关规定。

征收是指国家基于公共利益需要,以行政权取得集体、个人财产所有权,并给予适当补偿的行政行为。征收的主体只能是国家,征收时需要依照《中华人民共和国宪法》《民法典》《中华人民共和国土地管理法》(以下简称《土地管理法》)以及《中华人民共和国城市房地产管理法》等法律规定的权限和程序。在征迁过程中,需要确定受偿方主体资格、补偿权益以及后续争议问题的解决方式。

征收补偿中除依据《民法典》和《土地管理法》涉及的基础性条文之外,更多地需要注意各省、市(州)、县对于具体征迁项目的补偿标准及流程。同时需要注意的是,在农村土地征收补偿的过程中,为了防止农村集体经济组织或者村民委员会、村民小组暗箱操作、私吞截留等,需要加大组织成员监督力度,为此,《民法典》中增设了可以对其集体财产的状况进行查阅的权利。

将小区公共道路私改为收费车位，是否侵害业主权利？

生活小案例

董女士与丈夫婚后经过多年努力，在某小区购买了一处价位合理的小型住宅。经过几个月的等待，终于接到开发商办理入住的通知。

但是入住以后，董女士发现开发商为了营利，将列入规划小区道路的地方修建成地上停车位，并向业主进行出售。这样的行为是否侵害了小区业主的合法权益呢？

案例分析

本案中,董女士与丈夫通过购买某小区的住宅,成为该住宅的建筑物区分所有权人,从而也获得了该小区的业主身份。作为建筑物区分所有权人,其权利不仅包括自身购买的住宅的专有部分,还包括对于共同楼道、非规划区的道路以及小区绿地等共同部分的共有权和管理权。

因此,业主可以在法律规定以及合理范围内,行使自身不妨碍其他业主及损害共有物的权利。本案中的开发商未经业主同意,私自进行公共道路侵占,并且存在商业性出售的行为,严重侵害了业主对小区共有部分的权利,小区业主可以通过合法途径来维护自身权利。

《中华人民共和国民法典》

第二百七十一条 业主对建筑物内的住宅、经营性用房等专有部分享有所有权,对专有部分以外的共有部分享有共有和共同管理的权利。

第二百七十四条 建筑区划内的道路,属于业主共有,但是属于城镇公共道路的除外。建筑区划内的绿地,属于业主共有,但是属于城镇公共绿地或者明示属于个人的除外。建筑区划内的其他公共场所、公用设施和物业服务用房,属于业主共有。

第二百七十五条 建筑区划内,规划用于停放汽车的车位、车库的归属,由当事人通过出售、附赠或者出租等方式约定。

占用业主共有的道路或者其他场地用于停放汽车的车位,属于业主共有。

第二百七十六条 建筑区划内，规划用于停放汽车的车位、车库应当首先满足业主的需要。

法条释义

以上条文是《民法典》关于业主对小区共有部分享有共有和共同管理的权利的规定。

业主是指一种基于购买或继承建筑物的专属部分而取得的特殊身份，是在区分所有建筑物内或者在一个建筑区划内，拥有一个或者一个以上专有建筑物空间或者房屋的所有权人。业主可以是自然人、法人和其他组织。

订立了《房屋买卖合同》尚未取得房屋所有权证的房屋购买人，按照《房屋买卖合同》或购房发票等有效证明文件所记载的购买人进行业主身份认定。此处需要注意的是，房屋租赁人不属于业主，但是根据法律法规以及现实中的实际情况，一般可以以"准业主"的身份对小区共有部分享有一定的使用权利。

根据《民法典》的相关规定，建筑区划内的道路，属于业主共有，但属于城镇公共道路的除外；建筑区划内的绿地，属于业主共有，但属于城镇公共绿地或者明示属于个人的除外；建筑区划内的其他公共场所、公用设施和物业服务用房，属于业主共有。这一规定对建筑物专有部分以外的共有部分一般范围作了划分，业主共有范围分别包括以下四个方面：

（1）建筑物的基本构造部分；

（2）建筑物的共用部分及其附属物；

（3）建筑物所占有的地基的使用权；

（4）住宅小区的相关设施。

近年来，小区业主、物业公司及房地产开发公司就小区停车位、基建附属设施的使用、收益以及物业费以及物业维修基金收取等问题发生较多争议。根据《民法典》相关规定，小区公共区域属于业主共有，开发商不能以营利为目的侵害业主共有财产。

同时，小区停车位的规划设计主要存在两个部分：一是房地产公司在建设小区之前经过建筑区划备案建设的部分，如地下停车场；二是利用小区内公共道路进行整改成为业主停车位，该部分一般属于未列入建筑规划的车位，应由小区业主共同使用。

在实际生活中，小区内占用公共道路的车位对外开放收费、小区公共电梯内张贴广告的收入，根据相关法律规定，在扣除合理成本之后，属于业主共有。业主共有部分的经营与收益情况，物业公司应以合理方式向业主公开。

小区对外出租车位，收入归谁？

生活小案例

最近尤女士发现，自己所居住的小区经常出入一些外来车辆。询问之后才知道，原来物业公司将小区内占用公共道路的车位对外开放，并且进行收费。

尤女士觉得物业公司的做法影响到小区住户的便利，而且大家没有得到任何好处，便想向物业公司要个说法。那么，物业公司可以这样做吗？收取的停车费又属于谁呢？

 案例分析

本案的焦点是小区物业公司能否将小区内占用公共道路的车位对外开放。将公共道路的车位对外开放需要符合以下两点：

一是根据《民法典》第二百七十六条规定，车位要首先满足业主的需要。如果小区本身车位充足，有规划空间，那么是可以的。

二是根据《民法典》第二百七十八条规定，改变共有部分的用途或者利用共有部分从事经营活动，应当经参与表决专有部分面积四分之三以上的业主且参与表决人数四分之三以上的业主同意。所以，小区物业公司应该事先征求业主的意见。在业主表决通过之后，小区物业公司可以这样做。

那么，收取的停车费属于谁呢？既然是将业主共有的区域用于营利，那么收入应该属于业主共有。不过物业公司在此期间会进行一定的资金投入，因此需要扣除合理成本。也就是说，停车费扣除合理成本之后，属于业主共有。业主共有部分的经营与收益情况，物业公司应以合理方式向业主公开。

关联法条

《中华人民共和国民法典》

第二百七十四条　建筑区划内的道路，属于业主共有，但是属于城镇公共道路的除外。建筑区划内的绿地，属于业主共有，但是属于城镇公共绿地或者明示属于个人的除外。建筑区划内的其他公共场所、公用设施和物业服务用房，属于业主共有。

第二百七十五条　建筑区划内，规划用于停放汽车的车位、车库的归属，由当事人通过出售、附赠或者出租等方式约定。

占用业主共有的道路或者其他场地用于停放汽车的车位，属于业主共有。

第二百七十六条 建筑区划内，规划用于停放汽车的车位、车库应当首先满足业主的需要。

第二百八十二条 建设单位、物业服务企业或者其他管理人等利用业主的共有部分产生的收入，在扣除合理成本之后，属于业主共有。

第九百四十三条 物业服务人应当定期将服务的事项、负责人员、质量要求、收费项目、收费标准、履行情况，以及维修资金使用情况、业主共有部分的经营与收益情况等以合理方式向业主公开并向业主大会、业主委员会报告。

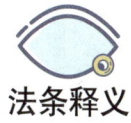

法条释义

以上条文是《民法典》关于业主对小区共有部分权利和营利归属的规定。

法律规定了归业主所有的区域，建筑区划内的道路和建筑区划内的绿地，都属于业主共有。但是需要注意的是，《民法典》第二百七十四条规定的绿地和道路并不是土地所有权，而仅仅是作为土地上的附着物归业主所有。

建筑区划内的其他公共场所、公用设施和物业服务用房，属于业主共有。如果物业公司改建、重建建筑物及其附属设施、改变共有部分的用途或者利用共有部分从事经营活动，都要经过业主同意。

在现实生活中，我们常常见到物业公司利用公共区域营利的事情，其中最常见的就是电梯（楼梯）间广告。对于电梯（楼梯）间广告投放，很多小区在建成的时候就已经开始，一些老旧小区也陆陆续续地增加了广告展示量。物业公司一般是直接投放,没有经过业主同意,业主也很少会提出异议。

业主默认物业公司利用公共区域营利,并不意味着收入可以直接归物业公司所有。物业公司有义务定期将服务的事项、负责人员、质量要求、收费项目、收费标准、履行情况,以及维修资金使用情况、业主共有部分的经营与收益情况等以合理方式向业主公开并向业主大会、业主委员会报告。

如何正确收取并使用物业维修基金?

生活小案例

王女士最近一直被所住小区的物业公司强征维修基金的事情所困扰。近日,物业公司发布公告征收下半年物业维修基金,同时对未缴或欠缴者,采用断电、断水、断网的"三断"处理办法。

但是该小区多数住户都不清楚物业公司为何收取物业维修基金,更不知道其收费是否符合法律规定。其中部分住户碍于物业公司的强势,无奈之下缴纳了高额的物业维修基金,但是更多的业主选择维权。那么,物业公司的这种行为违法吗?

 **案例分析**

物业维修基金在性质上属于专门用于特定目的而设立的专项基金一类，也有人称之为"房子养老金"。

根据《民法典》以及相关行政法规规定，物业维修基金的收取由业主共同决定及共同所有，物业公司没有得到业主大会或业主委员会的授权，私自征收物业维修基金是违反法律规定的。同时，征收过程中不能采取侵害业主权利的极端手段，如断电、断水、断网的"三断"行为。

本案中，如果物业公司作出侵害王女士实际权利的行为，王女士作为业主可以向相关物业管理部门反映，并可以诉诸法律。

 **关联法条**

《中华人民共和国民法典》

第二百七十八条 下列事项由业主共同决定：

（一）制定和修改业主大会议事规则；

（二）制定和修改管理规约；

（三）选举业主委员会或者更换业主委员会成员；

（四）选聘和解聘物业服务企业或者其他管理人；

（五）使用建筑物及其附属设施的维修资金；

（六）筹集建筑物及其附属设施的维修资金；

（七）改建、重建建筑物及其附属设施；

（八）改变共有部分的用途或者利用共有部分从事经营活动；

（九）有关共有和共同管理权利的其他重大事项。

业主共同决定事项，应当由专有部分面积占比三分之二以上的业主且人数占比三分之二以上的业主参与表决。决定前款第六项至第八项规定的事项，应当经参与表决专有部分面积四分之三以上的业主且参与表决人数四分之三以上的业主同意。决定前款其他事项，应当经参与表决专有部分面积过半数的业主且参与表决人数过半数的业主同意。

第二百八十一条 建筑物及其附属设施的维修资金，属于业主共有。经业主共同决定，可以用于电梯、屋顶、外墙、无障碍设施等共有部分的维修、更新和改造。建筑物及其附属设施的维修资金的筹集、使用情况应当定期公布。

紧急情况下需要维修建筑物及其附属设施的，业主大会或者业主委员会可以依法申请使用建筑物及其附属设施的维修资金。

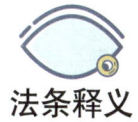

法条释义

上述条文是《民法典》关于物业维修基金的收取以及使用的相关规定。

所谓物业维修基金，又称建筑物大修更新储备基金，是专项用于物业共用部位、共用设施设备期满后大修、更新、改造的资金。其中共用部位是指建筑物主体承重结构部分、户外墙面、门厅、楼梯间以及走廊通道等。

在生活中，基于物业问题产生的法律纠纷可援引解决的法律法规主要包括《民法典》《最高人民法院关于审理建筑物区分所有权纠纷案件具体应用法律若干问题的解释》《物业管理条例》《住宅专项维修资金管理办法》等。

业主在社区公共地区私自乱建，物业公司应该怎么办？

生活小案例

某地政府进行建设规划时，将A村的村民迁到了附近的新A小区。小区物业公司承诺十年不收取物业费，只做基础维护工作，从第十一年开始收取物业费，恢复正常工作。

十年过后，物业公司人员发现小区工作无从下手。有的住户扩大花园，将公共停车位仅供自己使用；有的私自占用车位建仓库，导致车辆停在道路上；有的在公共绿地上种菜，甚至养鸡养鸭……

其实很多住户都对这样的生活环境有意见，物业公司管理人员试图联合居民代表共同解决这些事情。但是居民代表碍于街坊邻居的面子选择不作为，甚至阻碍物业公司管理人员办公，敢说话的居民反而没有说话的地方。面对这种情况，只能忍气吞声吗？

案例分析

本案中，我们看到了很多拆迁小区物业公司人员的无奈，也能够感受到很多居民的无可奈何。很多拆迁小区存在私搭乱建、侵占公共区域以及侵害他人权利的现象，但是很多人碍于面子和交情等原因，不想甚至不敢"得罪人"。

而物业公司人员无法取得小区居民的帮助，更无法采取有效的手段进行小区整改，因此小区的治理进程缓慢，很多方面的工作甚至停滞不前。

面对本案中的情形，物业公司和受害业主只有合理运用法律，才能够开展工作，主张权利。建议新 A 小区尽快组建敢作敢为的业主委员会，与物业公司共同努力，为自己更美好的居住环境争取权益。

《中华人民共和国民法典》

第二百八十六条　业主应当遵守法律、法规以及管理规约，相关行为应当符合节约资源、保护生态环境的要求。对于物业服务企业或者其他管理人执行政府依法实施的应急处置措施和其他管理措施，业主应当依法予以配合。

业主大会或者业主委员会，对任意弃置垃圾、排放污染物或者噪声、违反规定饲养动物、违章搭建、侵占通道、拒付物业费等损害他人合法权益的行为，有权依照法律、法规以及管理规约，请求行为人停止侵害、排除妨碍、消除危险、恢复原状、赔偿损失。

业主或者其他行为人拒不履行相关义务的，有关当事人可以向有关行政主管部门报告或者投诉，有关行政主管部门应当依法处理。

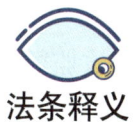
法条释义

以上条文是《民法典》关于业主权利与义务的相关规定，对业主应当履行的义务和职责进行了确定，同时明确了业主委员会的作用。

业主委员会是指由业主选举出的业主代表组成，通过执行业主大会的决定、代表业主的利益，向社会各方反映业主意愿和要求，并且监督和协助物业服务企业或其他管理人履行物业服务合同的业主大会执行机构，通常为五至十一人单数组成。

根据《民法典》第二百七十八条规定，下列事项由业主共同决定：

（一）制定和修改业主大会议事规则；

（二）制定和修改管理规约；

（三）选举业主委员会或者更换业主委员会成员；

（四）选聘和解聘物业服务企业或者其他管理人；

（五）使用建筑物及其附属设施的维修资金；

（六）筹集建筑物及其附属设施的维修资金；

（七）改建、重建建筑物及其附属设施；

（八）改变共有部分的用途或者利用共有部分从事经营活动；

（九）有关共有和共同管理权利的其他重大事项。

业主共同决定事项，应当由专有部分面积占比三分之二以上的业主且人数占比三分之二以上的业主参与表决。决定前款第六项至第八项规定的事项，应当经参与表决专有部分面积四分之三以上的业主且参与表决人数四分之三以上的业主同意。决定前款其他事项，应当经参与表决专有部分面积过半数的业主且参与表决人数过半数的业主同意。

所以，业主委员会不仅可以对物业进行有效监督，依法维护业主的正当权利、保持小区的生活品质，还可以代表大多数业主的意愿，构建美好和谐的社区生活，保证大多数人的利益。

邻居严重扰民，应该怎么处理？

生活小案例

孙先生最近一直被楼上装修的事情所困扰。经过物业公司调查，是楼上业主张某为赶婚期，雇用某装修公司工人连夜装修。

孙先生患有神经衰弱的病症，受到装修的影响，病情较之前更为严重，虽然多次要求张某协调控制或更改装修时间，但张某均置若罔闻。现在楼上的装修行为已经持续半月有余，与其相邻的其他业主也都不堪其扰。装修扰民是否侵权呢？

案例分析

本案是生活中常见的基于相邻关系而产生噪声扰民的侵权案件。孙先生的房屋与张某的房屋从建筑特征上来说属于相邻，可以构成法律上的相邻关系。

依据《民法典》的规定，不动产的相邻权利人应当按照有利生产、方便生活、团结互助、公平合理的原则，正确处理相邻关系。相邻各方在生产生活中应给予相邻他方必要的方便，达到法律上要求的"权利人权利的合理延伸与义务人义务的必要限制"的法律效果。

本案中，根据《中华人民共和国环境噪声污染防治法》以及有关噪声标准的规定，楼上装修带来的噪音对孙先生的生活及身体已经造成实际的侵害，超出了相邻容忍的程度。因此，孙先生可以基于上述事实向张某提出停止侵害、排除妨碍和赔偿损失的诉讼请求。

《中华人民共和国民法典》

第二百八十八条　不动产的相邻权利人应当按照有利生产、方便生活、团结互助、公平合理的原则，正确处理相邻关系。

第二百八十九条　法律、法规对处理相邻关系有规定的，依照其规定；法律、法规没有规定的，可以按照当地习惯。

第二百九十条　不动产权利人应当为相邻权利人用水、排水提供必要的便利。

对自然流水的利用，应当在不动产的相邻权利人之间合理分配。对自然流水的排放，应当尊重自然流向。

第二百九十一条 不动产权利人对相邻权利人因通行等必须利用其土地的，应当提供必要的便利。

第二百九十二条 不动产权利人因建造、修缮建筑物以及铺设电线、电缆、水管、暖气和燃气管线等必须利用相邻土地、建筑物的，该土地、建筑物的权利人应当提供必要的便利。

第二百九十三条 建造建筑物，不得违反国家有关工程建设标准，不得妨碍相邻建筑物的通风、采光和日照。

第二百九十四条 不动产权利人不得违反国家规定弃置固体废物，排放大气污染物、水污染物、土壤污染物、噪声、光辐射、电磁辐射等有害物质。

第二百九十五条 不动产权利人挖掘土地、建造建筑物、铺设管线以及安装设备等，不得危及相邻不动产的安全。

第二百九十六条 不动产权利人因用水、排水、通行、铺设管线等利用相邻不动产的，应当尽量避免对相邻的不动产权利人造成损害。

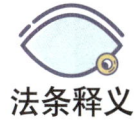
法条释义

上述条文是《民法典》关于相邻关系的相关规定。

相邻关系的种类通常包括：

（1）相邻用水、排水关系；

（2）相邻通行关系；

（3）相邻土地、建筑物利用关系；

（4）相邻通风、采光、日照关系；

（5）相邻污染侵害等等。

根据权利与义务相对应的原则,权利人在享有相关权利的同时,也负有基于相邻关系而带来的相关义务,即要依据法律所规定的相邻关系的处理原则,即有利生产、方便生活、团结互助、公平合理,正确处理相关关系,给相邻方造成损失的,应当承担停止侵害、排除妨碍、赔偿损失等责任。

共有车辆出事故，谁的责任？

生活小案例

小姜与自己的两个哥哥姜大、姜二各出资3万元，购买了一辆汽车跑出租，约定由小姜驾驶，收入各按三分之一比例分配。

一天，小姜由于酒后驾车，将行人王某撞伤，王某花费医药费1.8万元。小姜认为车辆是与两位哥哥共同出资的，所以要三个人平分赔偿的医药费。姜大和姜二则认为，事故是由小姜一人造成的，自己不应当承担赔偿责任。

小姜因为酒驾处罚，车辆闲置下来，姜大和姜二便将车出租给了冯某某，双方签订了租赁合同。小姜到法院起诉，称姜大、姜二二人将汽车出租没有经过自己同意，因而租赁合同无效，要求冯某某将汽车返还。这两件事情，法院分别会怎么判决呢？

 **案例分析**

对于本案,我们首先要了解"共有"的概念。共有是指某项财产由两个或两个以上的权利主体共同享有同一所有权。各共有人之间因财产共有形成的权利义务关系,称为共有关系。

因为共有人对共有财产享有权利和承担义务,所以根据本案描述,这辆出租车为姜大、姜二和小姜三人按份共有的财产,虽然是小姜驾驶车辆撞伤王某,但是由于姜大和姜二是按份共有人,他们也要对外承担连带责任。因此,王某的医药费可以要求姜大和姜二共同赔偿。

而在第二个事件当中,涉及按份共有物的共有人权利问题。为维护多数共有人的利益,我国规定实行"绝对多数决"的原则,也就是占共有物三分之二以上份额的共有人同意,就可以对共有物进行处分。结合案例可以看出,因为这辆汽车为三人共同所有,出租给冯某某经过了姜大和姜二两个人同意,并且没有另外的约定,满足了以上法律条款,所以租赁合同有效,小姜不能要求冯某某返还汽车。

 **关联法条**

《中华人民共和国民法典》

第二百九十七条 不动产或者动产可以由两个以上组织、个人共有。共有包括按份共有和共同共有。

第二百九十八条 按份共有人对共有的不动产或者动产按照其份额享有所有权。

第三百零一条 处分共有的不动产或者动产以及对共有的不动产或者动产作重大修缮、变更性质或者用途的,应当经占份额三分之二以上的按份共有人或者全体共同共有人同意,但是共有人之间另有约定的除外。

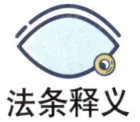
法条释义

以上条款是《民法典》关于共有的相关规定。

共有分为共同共有和按份共有。共同共有是指每个共有人对共有财产不分份额地享有共同权利，承担共同义务。在共同共有关系存续期间，部分共有人擅自处分共有财产的，一般认定无效。按份共有是指共有人分别按照确定的份额对共有财产分享权利、分担义务。按份共有的各共有人占有份额多少由法律规定，没有法律规定的，由共有人协议约定，原则上按各共有人的出资比例确定其共有份额。

在处分按份共有物的时候，只有占共有物三分之二以上份额的共有人同意，才能对共有物进行处分。因为可能涉及大额支出，例如对共有物的重大修缮，一般来说修缮比对共有物的保存所需费用更大，需要各共有人按照自己所占共有份额的比例支付费用。所以，为了维护多数共有人的利益，共有人的支持比例至关重要。

按份共有人转让共有份额，需要注意什么？

生活小案例

贺女士与丈夫一起在北京生活十多年了。贺女士与合伙人付某、魏某联合购买了一间底商店铺做小生意，其中她占百分之六十股份，付某占百分之二十五，魏某占百分之十五。

如今，贺女士丈夫升职，要回到位于家乡的分公司担任领导，她要和丈夫一起回去。这间底商店铺要怎么处理才最合适呢？

案例分析

店铺是贺女士、付某和魏某三人按份共有的。按份共有人是可以转让共有的份额的,但是应该先让同为共有人的付某和魏某知道此事,而且共有人具有优先购买权。

也就是说,贺女士的百分之六十的份额转让之前,要先告知付某和魏某,看他们是否有意向购买。如果付某或魏某有意向购买,那么就由其优先购买;如果二人没有意向购买,那么贺女士可以寻找新的购买人,成为付某和魏某的共有人。

当然,如果三人都不想再经营这家店铺,也可以进行转让,转让后通过协商或者依据出资比例来分割转让金。

关联法条

《中华人民共和国民法典》

第三百零五条 按份共有人可以转让其享有的共有的不动产或者动产份额。其他共有人在同等条件下享有优先购买的权利。

第三百零六条 按份共有人转让其享有的共有的不动产或者动产份额的,应当将转让条件及时通知其他共有人。其他共有人应当在合理期限内行使优先购买权。

两个以上其他共有人主张行使优先购买权的,协商确定各自的购买比例;协商不成的,按照转让时各自的共有份额比例行使优先购买权。

第三百零九条 按份共有人对共有的不动产或者动产享有的份额,没有约定或者约定不明确的,按照出资额确定;不能确定出资额的,视为等额享有。

法条释义

以上条文是《民法典》关于按份共有人转让共有物的规定。

按份共有的共有人可以依据自己所占份额,对该份额享有单独所有权,所以按份共有人可以转让属于自己的那一部分共有物份额。一般情况下,按份共有人转让共有份额的时候不需要得到其他共有人同意,但是要以不得损害其他共有人利益为前提。

而且法律规定,在按份共有人转让其共有份额时,其他共有人享有优先购买权。也就是说,在同等条件下,其他共有人可以优先购买。这样的规定是为了在一定程度上,可以将共有关系仍然保持在原来的共有人之间,维持共有人之间的和谐相处。毕竟加入新的共有人,可能产生不必要的摩擦或者使共有关系受到损害。

但是要注意一点,虽然其他共有人具有优先购买权,但是并不代表着可以使用更优惠的方式得到想要购买的份额。这里所说的"同等条件"是指价格条件相同,不仅包括价格数额,也包括付款方式以及支付期限等。如果共有人之外的人也想要购买份额,那么双方就要进行价格上的对比:如果其他共有人与非共有人出价相同,那么其他共有人有优先购买权;如果其他共有人比非共有人出价少,那么也就丧失了优先购买权。

两个以上其他共有人主张行使优先购买权的,协商确定各自的购买比例;协商不成的,按照转让时各自的共有份额比例行使优先购买权。通常情况下,法律依然遵循商议的原则,希望共有人之间通过商议解决购买比例。如果商议不成,就要看共有人各自占有的份额了。也就是说,占有份额越多的共有人,越具有优先购买权。

如果按份共有人对共有物享有的份额，没有明确约定或者约定不明确，那么要按照出资额来确定份额比例；如果也不能确定出资额，那么法律将视为等额享有。

当然，这里的"出资额"不应该仅是原始出资额，还要包括后续出资额在内综合计算。例如，甲和乙共同购买一所房子，甲出资百分之六十，乙出资百分之四十，这就是原始出资额。这样看来，甲比乙占有份额要高。可是，在后期维护中，一直是乙在出资维护，而甲没有出资，那么这就是后续出资额。两项相加，也许乙的总出资额高于甲，那么乙对共有物的占有份额就要更高。当然，如果二者不能确定得十分明确，那么将视为等额享有，也就是各自占百分之五十。

未经同意出卖他人财产，买受方能取得其财产所有权吗？

生活小案例

小李因为工作原因需要购买一台专业型电脑，该类型的电脑市场价格在 3.5 万元左右，他刚工作不久，无力负担新电脑的费用。

同事赵某知道这件事后，便向小李称自己要离职，愿意以 2.5 万元的价格将电脑卖给小李，小李同意购买。次日，两人钱货两讫。

几日后小李发现，赵某卖给自己的电脑是其朋友张某所有，而且是赵某未经张某同意私自转卖的。小李犯难了，他能取得电脑的所有权吗？

 案例分析

本案的焦点在于小李能否依据善意取得制度的规定，取得对他人电脑的所有权。本案中，赵某既不是电脑的所有人，也不是张某的代理人，却以自己的名义将张某的电脑卖给小李，其行为属于无权处分。根据《民法典》的规定，张某有权追回其电脑。

但是，小李在受让该电脑时并不知该电脑的实际权属，所以应视其在交易时为善意；同时，小李以不低于商品市场价格的 70% 的价格完成交易行为，属于法律规定的合理价格范围。可见，该买卖行为完全符合善意取得的构成要件。

所以，依据《民法典》第三百一十一条的规定，小李基于善意取得而获得了电脑的所有权，张某不能要求小李予以返还。至于张某遭受的损害，可以依法向赵某主张。

关联法条

《中华人民共和国民法典》

第三百一十一条 无处分权人将不动产或者动产转让给受让人的，所有权人有权追回；除法律另有规定外，符合下列情形的，受让人取得该不动产或者动产的所有权：

（一）受让人受让该不动产或者动产时是善意；

（二）以合理的价格转让；

（三）转让的不动产或者动产依照法律规定应当登记的已经登记，不需要登记的已经交付给受让人。

受让人依据前款规定取得不动产或者动产的所有权的，原所有权人有权向无处分权人请求损害赔偿。

当事人善意取得其他物权的，参照适用前两款规定。

第三百一十二条 所有权人或者其他权利人有权追回遗失物。该遗失物通过转让被他人占有的，权利人有权向无处分权人请求损害赔偿，或者自知道或者应当知道受让人之日起二年内向受让人请求返还原物；但是，受让人通过拍卖或者向具有经营资格的经营者购得该遗失物的，权利人请求返还原物时应当支付受让人所付的费用。权利人向受让人支付所付费用后，有权向无处分权人追偿。

第三百一十三条 善意受让人取得动产后，该动产上的原有权利消灭。但是，善意受让人在受让时知道或者应当知道该权利的除外。

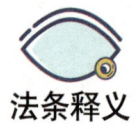

法条释义

以上条文是《民法典》关于善意取得制度的规定。

善意取得，是指无权处分他人财产的财产占有人将其占有他人的财产转让给第三人，受让人在取得该财产时是出于善意，即依法取得该财产的所有权，原财产所有人不得要求受让人返还财产的物权取得制度。依据《民法典》的规定，善意取得必须具备以下条件：

（1）受让人受让该不动产或者动产时为善意。所谓"善意"，是指受让人在受让时，对转让人无权处分不知情且无过失。

（2）以合理的价格转让。即受让人须通过交换而实际占有已取得的财产，为有偿转让且价格合理。

（3）转让的动产或者不动产依照法律规定应当登记的已经登记，不需要登记的已经交付给受让人。不符合物权变动公示方法要求的,不发生善意取得的效力。

需要注意的是,买受人也并非对任何财产或物品都可以善意取得进行抗辩,遗失物、漂流物、埋藏物、隐藏物以及国有财产等,买受人一般不能直接依据善意取得制度取得其物权。

捡到遗失物后怎么办？

生活小案例

孙某和朋友在酒店聚餐时将价值一万元的相机镜头丢失，由于他认为找不回来也就没有去找。酒店工作人员捡到后，在监控中没有找到遗失人线索，也没有人来认领，便将相机镜头交给了当地公安机关。

公安机关发布失物招领公告，过了一年时间依旧无人认领，公安机关按照法律规定将镜头交给拍卖行拍卖，林某买下了该镜头。

后来林某将镜头丢失，被人捡到后交到公安机关。公安机关这次发布认领公告的时候，林某和孙某都带着购买镜头的收据和发票等物前来认领。那么，遗失物应该属于谁呢？

 案例分析

本案中，酒店工作人员捡到镜头后，先是妥善保管失物，并且设法寻找失物的权利人，在寻找失主无果的情况下，将失物交给当地公安机关。由此看来，酒店工作人员的一系列做法都是依法合法的。

《民法典》第三百一十八条规定，遗失物自发布招领公告之日起一年内无人认领的，归国家所有。所以，孙某虽然有购物发票，但是并没有在失物规定期限内认领遗失物，这时已经归国家所有，因此他无权追回镜头。

而林某则是通过拍卖的方式取得了镜头的所有权，并且在认领失物的时候没有超出规定期限，因此有权追回遗失物。

关联法条

《中华人民共和国民法典》

第三百一十四条　拾得遗失物，应当返还权利人。拾得人应当及时通知权利人领取，或者送交公安等有关部门。

第三百一十五条　有关部门收到遗失物，知道权利人的，应当及时通知其领取；不知道的，应当及时发布招领公告。

第三百一十八条　遗失物自发布招领公告之日起一年内无人认领的，归国家所有。

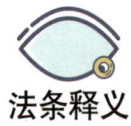

法条释义

以上条文是《民法典》关于遗失物的相关规定。

遗失物是指并非基于遗失人的意志而暂时丧失占有的物品,遗失物只能是动产,而且只能是物,而不能是某种权利。拾得遗失物是指发现且实际占有该遗失物,是发现与占有两者相结合的行为。遗失物的拾得属于事实行为,不以拾得人有无行为能力为必要条件。

拾得人在遗失物送交有关部门之前,有关部门在遗失物被领取之前,都应当妥善保管遗失物。如果因为故意或者重大过失致使遗失物毁损、灭失的,拾得人和有关部门应当承担民事责任。

当然,拾得人也有相应的权利。一是费用偿还请求权;二是在遗失人发出悬赏广告时,归还失物的拾得人还享有悬赏广告所允诺的报酬请求权。

在领取遗失物时应该注意以下四点:

(1)遗失物自发布招领公告之日起一年之内无人认领的,归国家所有。因而权利人要尽快到有关部门领取。

(2)权利人领取遗失物时,应当向拾得人或者有关部门支付因为保管遗失物或者其他必要支出而花费的必要费用。

(3)权利人悬赏寻找遗失物的,领取遗失物时应当按照承诺履行义务。

(4)拾得人侵占遗失物的,无权请求关于保管遗失物或者其他必要支出所花费的费用,也无权请求权利人按照悬赏承诺履行义务。

农村土地的"三权分置"政策,承包人应注意什么?

生活小案例

韩某在老家经营一家农机公司,近日有两个儿时好友找到韩某,想要和他一起承包湖西村的农耕地,进行集约化经营。但是三人均不是湖西村的村民,该承包方式是否符合法律规定呢?

 案例分析

本案涉及土地承包经营权问题。韩某等三人作为非湖西村集体经济组织成员若想获得农用耕地的经营权，主要有两种方式：一是通过招标、拍卖以及公开协商等方式与湖西村签订农村土地承包合同；二是与该村土地承包经营权人签订出租协议，以此获得土地使用权益。但需要注意的是，《民法典》将基于这两种方式所获土地权利称为"土地经营权"。

 关联法条

《中华人民共和国民法典》

第三百三十一条　土地承包经营权人依法对其承包经营的耕地、林地、草地等享有占有、使用和收益的权利，有权从事种植业、林业、畜牧业等农业生产。

第三百三十四条　土地承包经营权人依照法律规定，有权将土地承包经营权互换、转让。未经依法批准，不得将承包地用于非农建设。

第三百三十九条　土地承包经营权人可以自主决定依法采取出租、入股或者其他方式向他人流转土地经营权。

第三百四十条　土地经营权人有权在合同约定的期限内占有农村土地，自主开展农业生产经营并取得收益。

第三百四十一条　流转期限为五年以上的土地经营权，自流转合同生效时设立。当事人可以向登记机构申请土地经营权登记；未经登记，不得对抗善意第三人。

第三百四十二条　通过招标、拍卖、公开协商等

方式承包农村土地，经依法登记取得权属证书的，可以依法采取出租、入股、抵押或者其他方式流转土地经营权。

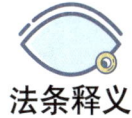
法条释义

以上条文是《民法典》关于农村土地新政策"三权分置"的规定。

"三权分置"即将土地承包经营权分为承包权和经营权，实行所有权归集体、承包权和经营权分置并行的制度。其目的在于盘活农村经济，把弃置、闲置土地利用起来，打破土地承包经营权中承包主体的限制，引进具有管理能力与管理经验的人才进行科学农业建设。

通过家庭承包方式取得了土地承包经营权的承包户可以自己经营即享有土地承包经营权，也可以保留土地承包权而通过出租（转包）、入股或者其他方式向他人流转土地经营权，从而实现土地承包经营权中的承包权与经营权的分离。同时，以招标、拍卖、公开协商等其他方式承包荒山、荒沟、荒丘、荒滩等农村土地的，承包人取得的也是土地经营权（不再是土地承包经营权）。

可见，土地经营权可以通过订立合同的方式获得，同时并未对其主体资格进行限制，但是根据《中华人民共和国土地管理法》的相关规定，土地使用用途受国家的基本管理管制，即使获得土地经营权也不得改变使用性质。

国家机关和国家所有财产的关系是什么？

生活小案例

赵某与其老家城投公司签下合同，承租当地的一处国有房屋。手续办好后，城投公司将房屋交给赵某使用。可是后来，赵某一直没有缴纳租金。

一段时间后，城投公司要求赵某将房屋腾退，遭到赵某拒绝。城投公司向法院提起诉讼，请求法院解除其与赵某的租赁关系，并要求赵某腾退承租的房屋。法院会如何判决呢？

案例分析

国有资产是法律上确定为国家所有并能为国家提供经济和社会效益的各种经济资源的总和。国家是国有资产所有权的唯一主体。城投公司全称是城市建设投资公司,是全国各大城市政府投资融资平台,承担相应的政府职能,性质为事业单位或者国有独资公司,属于带有政府性质的特殊市场经营体。

本案中,涉案房屋属于国有资产,是国家机关直接支配的不动产。赵某与城投公司签订《国有房屋租赁合同》后,没有按照合同约定的时间缴纳租金。这种行为已经构成违约,城投公司受托管理使用涉案房屋,有权按照合同约定解除与赵某的租赁关系,并要求赵某腾退房屋。

关联法条

《中华人民共和国民法典》

第二百三十五条 无权占有不动产或者动产的,权利人可以请求返还原物。

第二百四十六条 法律规定属于国家所有的财产,属于国家所有即全民所有。

国有财产由国务院代表国家行使所有权。法律另有规定的,依照其规定。

第二百五十五条 国家机关对其直接支配的不动产和动产,享有占有、使用以及依照法律和国务院的有关规定处分的权利。

法条释义

以上条文是《民法典》关于国家机关及国家所有财产的相关规定。

法律规定属于国家所有的财产,属于国家所有即全民所有。矿藏、水流、海域、无人居住海岛、城市的土地、法律规定属于国家所有的农村和城市郊区的土地、自然资源、野生动植物资源、无线电频谱资源、法律规定属于国家所有的文物、国防资产以及基础设施,都属于"国家所有"。

国有财产由国务院代表国家行使所有权,国家机关有占有、使用和处分的权利。但是,要明确一点:国家机关包括国家立法机关、行政机关和司法机关,国家机关的财产是国有资产的重要组成部分,国家机关不是由其直接支配的不动产或者动产的所有权人,所有权人只能是国家。

所以,国家机关虽然对其直接支配的动产和不动产享有占有和使用的权利,但是它对这部分财产的处分权却明显受到限制,处分行为也必须以法律和国务院的有关规定作为依据。

国有自然资源使用权为什么不能续期了？

生活小案例

五年前，A食品有限公司与当地自然资源局就当地海带养殖海域使用权，签订了为期五年的使用权出让合同。

五年后，A食品有限公司向当地政府提出续期请求，当地自然资源局以保护生态环境为由，出具了不予续期的答复。

A食品有限公司认为，自己是向当地政府提出续期申请的，也应当由当地政府给予答复，而不是自然资源局答复。而且政府并未作出是否准予延续的决定，所以应该视为准予延续。

于是，A食品有限公司向法院提起诉讼，请求撤销当地自然资源局出具的答复，并要求对自己申请的海域使用权予以续期。那么，法院应该怎么判决呢？

 案例分析

海带养殖海域是属于国家所有的自然资源,根据《民法典》第三百二十四条规定,组织和个人都可以依法占有、使用和收益。根据全民所有自然资源资产有偿使用制度,A食品有限公司与当地自然资源局签订了为期五年的海域使用权出让合同,那么该食品有限公司在合同有效期内,就有权使用这片海带养殖海域。

A食品有限公司在行使权利的同时,要遵守法律有关保护和合理开发利用资源、保护生态环境的规定,政府和自然资源局也要根据实际情况进行管理。

根据当地环境保护的实际情况,政府和自然资源局出于对海洋环境的保护,在合同到期的情况下,可以拒绝A食品有限公司的海域使用权续期申请,而且政府和自然资源局都有权利。所以,法院驳回了A食品有限公司的诉讼请求。

 关联法条

《中华人民共和国民法典》

第二百四十七条　矿藏、水流、海域属于国家所有。

第三百二十四条　国家所有或者国家所有由集体使用以及法律规定属于集体所有的自然资源,组织、个人依法可以占有、使用和收益。

第三百二十五条　国家实行自然资源有偿使用制度,但是法律另有规定的除外。

第三百二十六条　用益物权人行使权利,应当遵守法律有关保护和合理开发利用资源、保护生态环境的规定。所有权人不得干涉用益物权人行使权利。

法条释义

以上条文是《民法典》关于国有自然资源用益物权的相关规定。

用益物权是由所有权派生出来的物权,是在他人所有的财产上设立的权利,即对他人的财产享有占有、使用和收益的权利。因此,用益物权被作为他物权。

相对于所有权而言,用益物权是不全面的、受一定限制的物权。例如,所有权的权利人对自己的财产依法享有占有、使用、收益和处分的权利,而用益物权只具有对财产占有、使用和收益的权利,而且虽然权利人依法可以将其享有的用益物权予以转让或者抵押,但是不能对财产所有权进行处分。

用益物权具有期限性。期限届满时,用益物权人就要将占有、使用物返还所有权人。在使用期限当中,用益物权人要按照设定权利时约定的用途保护和合理开发,不得损害所有权人的权益。

用益物权是一项独立的物权,它虽由所有权派生,以所有权为权源,但其一经设立,便具有独立于所有权而存在的特性。所有权由用益物权人行使,所有权人不得干涉。所有权人不得随意收回其财产,不得妨碍用益物权人依法行使权利。用益物权可以对抗所有第三人的侵害,包括干预、占有和使用客体物等。

综上所述,依据《民法典》的规定,国家所有或者国家所有由集体使用以及法律规定属于集体所有的自然资源,组织、个人依法可以占有、使用和收益。

承包期内土地为什么被收回了？

生活小案例

村民小周与村委会签订了一份土地承包合同，约定承包15亩荒地进行耕种，承包期限为30年。合同签订后，小周对承包的荒地进行了重新规划和整理。为了便于灌溉，小周还在承包的土地上打了一口深井。

但是刚刚过了3年，村委会换届选举了。新村委会以原村委会与小周所签订土地承包合同没有召开村民大会，违反了民主议定原则为由，要将小周所承包的土地收回。对于新村委会的说法，小周并不同意。那么，这件事情依法到底应该怎么解决呢？

案例分析

本案中，原村委会未经村民集体成员决定，便将集体土地承包出去，违背了村民自治基本原则。村民自治是指广大农民群众直接行使民主权利，依法办理自己的事情，创造自己的幸福生活，实行自我管理、自我教育、自我服务的一项基本社会政治制度。所以，凡是涉及村民利益的重要事项，都应该提请村民会议或村民代表会议讨论，按照多数人的意见作出决定。

就本案情况来看，原村委会的做法的确侵害了集体成员的合法权益，因此新村委会有权收回承包给小周的土地。但是根据本案的实际情况，小周与原村委会之间已经签订了土地承包合同，土地仍在承包期内，而且小周对于这片耕地也确实作出了很大贡献，所以新村委会应该对小周进行相应的补偿。

关联法条

《中华人民共和国民法典》

第二百六十一条 农民集体所有的不动产和动产，属于本集体成员集体所有。

下列事项应当依照法定程序经本集体成员决定：

（一）土地承包方案以及将土地发包给本集体以外的组织或者个人承包；

（二）个别土地承包经营权人之间承包地的调整；

（三）土地补偿费等费用的使用、分配办法；

（四）集体出资的企业的所有权变动等事项；

（五）法律规定的其他事项。

第三百三十二条 耕地的承包期为三十年。草地的承包期为三十年至五十年。林地的承包期为三十年至七十年。

前款规定的承包期限届满,由土地承包经营权人依照农村土地承包的法律规定继续承包。

第三百三十七条 承包期内发包人不得收回承包地。法律另有规定的,依照其规定。

法条释义

以上条文是《民法典》关于农村土地承包的相关规定。

农村土地承包是指采取农村集体经济组织内部的家庭承包方式,不宜采取家庭承包方式的荒山、荒沟、荒丘和荒滩等农村土地则可以采取招标、拍卖以及公开协商等方式承包。农村土地承包以后,土地的所有权性质不变,承包地不得买卖。

在承包土地时,要签署合法的承包合同。《中华人民共和国农村土地承包法》第二十一条规定,发包方应当与承包方签订书面承包合同。承包合同应当包括以下条款:

(1)发包方、承包方的名称,发包方负责人和承包方代表的姓名、住所;

(2)承包土地的名称、坐落、面积、质量等级;

(3)承包期限和起止日期;

(4)承包土地的用途;

(5)发包方与承包方的权利和义务;

（6）违约责任。

为了充分保障农民土地承包权益，进一步完善农村土地承包经营制度，推进实施乡村振兴战略，在中国特色社会主义进入新时代的关键时期，党中央提出"保持土地承包关系稳定并长久不变"，这是对党的农村土地政策的继承和发展，意义重大，影响深远。因此，要特别注意保障农民土地承包的权益。

建设用地的使用权人有哪些权利？

生活小案例

多年前，马先生在老家取得了当地人民政府颁发的载明土地用途为商业使用，类型为划拨的国有土地使用证。

由于马先生在城里有公司，长期不在老家，便把土地交给亲戚老张帮忙照看，并支付了一定劳动报酬。可是，老张未经马先生许可，陆续在该土地上修建房屋，并与家人一直在该房屋内居住。

如今，马先生想回老家发展企业，急需在该土地上建设自己的房屋，需要把老张所建房屋拆除，但是没有得到老张的配合。马先生可以诉至法院，请求依法判令老张及其家人停止侵害，拆除在涉案土地上修建的建筑物吗？

案例分析

根据《民法典》的规定，建设用地使用权人依法对国家所有的土地享有占有、使用和收益的权利，有权利用该土地建造建筑物、构筑物及其附属设施，其他任何人不得侵犯。

老张作为非建筑用地使用权人，未经权利人的准许，无权对建筑用地占有、使用和收益，所以老张在该土地上建造建筑物、构筑物的行为侵害了马先生的合法权益。因此，马先生可以提交诉讼请求，要求老张停止侵害，拆除涉案土地上修建的建筑物、构筑物。

关联法条

《中华人民共和国民法典》

第三百四十四条　建设用地使用权人依法对国家所有的土地享有占有、使用和收益的权利，有权利用该土地建造建筑物、构筑物及其附属设施。

第三百四十五条　建设用地使用权可以在土地的地表、地上或者地下分别设立。

第三百四十六条　设立建设用地使用权，应当符合节约资源、保护生态环境的要求，遵守法律、行政法规关于土地用途的规定，不得损害已经设立的用益物权。

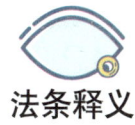

法条释义

以上条文是《民法典》关于建设用地使用权的相关规定。

建设用地使用权是指自然人、法人或非法人组织依法对国家所有的土地享有的建造并保有建筑物、构筑物及其附属设施的用益物权。

建设用地使用权人享有占有、使用、收益的权利，有权利用该土地建造并经营建筑物、构筑物及其附属设施。对于以出让方式设立的建设用地使用权，权利人还可依法转让、互换、出租、出资、赠与或抵押。

同时，建设用地使用权人也有以下四项义务：

（1）合理利用土地。建设用地使用权人应当按照土地的自然属性和法律属性合理地使用土地，维护土地的价值和使用价值。

（2）按土地用途使用土地。如果需要改变土地用途，建设用地使用权人就要依法经过有关行政主管部门批准，及时变更《建设用地使用权出让合同》和相应调整土地出让金。

（3）恢复土地原状。在建设用地使用权期限届满时，建设用地使用权人取回地上建筑物或者其他附着物时，需要恢复土地的原状。

（4）支付出让金等费用。这项义务不是建设用地使用权的成立要件。也就是说，即使受让人没有按照约定支付出让金，也只是应承担违约责任，并不意味着建设用地使用权当然归于消灭。

建设用地使用权可以在土地上分层设立，在地表上设立的称为"建设用地使用权"，在地表之上和地表之下设立的建设用地使用权称为"分层建设用地使用权"。

分层建设用地使用权也叫分层地上权、区分地上权和空间权，是指在他人所有的土地地表之上或者地表之下一定空间范围内设定的建设用地使用权。在分层出让建设用地使用权时，不同层次的权利人是按照同样的规定取得土地使用权的，在法律上他们的权利和义务也是相同的。

住宅产权到期后，房主是否仍然享有房屋产权？

> 70年产权到期了自动续期。

生活小案例

赵某大学毕业后经过几年的努力，最近通过房屋中介购买了某小区的二手房，在喧闹的城市中，算是有了一个自己安定的小家。

但是买房后他发现，该房屋所有权证的登记时间是1986年，商品房产权是70年，也就是说还有34年到期。如果房屋产权到期，房子会被收回吗？

案例分析

本案中记载于不动产登记簿中的70年住宅产权,并非房屋财产本身,而是房屋坐落的土地权益,也就是建设用地使用权的时限。房屋作为不动产物权,具有"永续性"的特点。开发商所获得的建设用地使用权是存在时限的,我国物权的相关法律中确定了"房地一体化"的原则。建设用地使用权到期后地上房屋的物权权利是否会受到影响呢?

《民法典》规定,住宅建设用地使用权期限届满的,自动续期。如此一来,就可以解决购买二手房而又担心"房龄"的问题了。续期费用的缴纳或者减免,有待后续依照新出台的法律、行政法规的规定办理。

关联法条

《中华人民共和国民法典》

第三百五十九条　住宅建设用地使用权期限届满的,自动续期。续期费用的缴纳或者减免,依照法律、行政法规的规定办理。

非住宅建设用地使用权期限届满后的续期,依照法律规定办理。该土地上的房屋以及其他不动产的归属,有约定的,按照约定;没有约定或者约定不明确的,依照法律、行政法规的规定办理。

法条释义

本条是《民法典》对住宅建设用地使用权期限,也就是房屋产权年限的法律规定。

在二手房交易中大家普遍关注的问题是二手房"房龄"问题。例如,在2016年前后,一些地方就出现了住宅建设用地使用权期限届满的问题。这些期限届满住宅的建设用地使用权的期限是20年。对此,广大人民群众非常关心。

根据2016年11月《中共中央国务院关于完善产权保护制度依法保护产权的意见》,同年12月8日原国土资源部(现自然资源部)办公厅针对浙江省国土资源厅的《关于如何处理少数住宅用地使用权到期问题的请示》(浙土资〔2016〕64号)作出了《国土资源部办公厅关于妥善处理少数住宅建设用地使用权到期问题的复函》(国土资厅函〔2016〕1712号)。该复函指出:

在尚未对住宅建设用地等土地使用权到期后续期作出法律安排前,少数住宅建设用地使用权期间届满的,可按以下过渡性办法处理:

一、不需要提出续期申请。少数住宅建设用地使用权期间届满的,权利人不需要专门提出续期申请。

二、不收取费用。市、县国土资源主管部门不收取相关费用。

三、正常办理交易和登记手续。

《民法典》基本上延续了这一文件的精神,强调:住宅建设用地使用权期限届满的,自动续期。续期费用的缴纳或者减免,依照法律、行政法规的规定办理。

城镇户口能够取得农村宅基地使用权吗？

（图中对话气泡："城镇户口能够取得农村宅基地使用权吗？"）

生活小案例

王某一家人早年生活在农村，之后在城里买房落了户。王某的父亲一直有一个未了的心愿，就是落叶归根，想在农村置办一个小院，过着"采菊东篱下，悠然见南山"的田园生活。王某能否通过市场交易的方式购买农村宅基地，实现其父亲的心愿呢？

案例分析

王某为城镇户口,无法通过市场交易进行宅基地的购买行为。根据《民法典》以及《土地管理法》的相关规定,宅基地使用权属于具有特定身份才可以获得的用益物权,属于集体经济组织成员依据法律规定获取的一项权利,故排除了非本村集体经济组织成员的获取要求。

关联法条

《中华人民共和国民法典》

第三百六十二条　宅基地使用权人依法对集体所有的土地享有占有和使用的权利,有权依法利用该土地建造住宅及其附属设施。

第三百六十三条　宅基地使用权的取得、行使和转让,适用土地管理的法律和国家有关规定。

《中华人民共和国土地管理法》

第六十二条　农村村民一户只能拥有一处宅基地,其宅基地的面积不得超过省、自治区、直辖市规定的标准。

……

农村村民建住宅,应当符合乡(镇)土地利用总体规划、村庄规划,不得占用永久基本农田,并尽量使用原有的宅基地和村内空闲地。……

农村村民住宅用地,经乡(镇)人民政府审核批准;其中,涉及占用农用地的,依照本法第四十四条的规定办理审批手续。

农村村民出卖、出租、赠与住宅后,再申请宅基地的，不予批准。

……

法条释义

上述条文是《民法典》《土地管理法》对宅基地使用权的取得、行使和转让等问题的相关规定。

宅基地使用权，是指农村集体组织的成员依法享有的在宅基地上建设住宅及其附属设施的权利。所谓宅基地，是指农村集体经济组织成员经依法批准用以建造个人住宅的农民集体所有的土地。从权利属性上看，该种权利应是特定主体才可以获得的用益物权，即集体经济组织的成员（一般可指村集体成员），因为从宅基地使用权的取得与使用上来讲，可以视其为农村集体经济组织成员的福利待遇。

需要注意的是，根据法律规定，农村村民一户只能拥有一处宅基地，村民出卖、出租住房后，再申请宅基地的，将不再予以批准。

居住权可以对抗所有权吗？

生活小案例

孙某名下有一套住房。由于一直是保姆刘某照顾他，而且刘某没有住房，孙某为了感谢刘某，便与刘某签订了《房屋居住权设立合同》，并且进行了居住权登记。双方约定：刘某对孙某所有的房屋无偿享有居住权，直到刘某去世。

孙某去世后，孙某的儿子小刚根据法定程序继承了房屋，并办理了房屋产权证，他要求刘某立即搬走，但是刘某根据自己有《房屋居住权设立合同》拒不搬离。这个案子应该怎么处理呢？

 **案例分析**

本案是一起典型的居住权与所有权冲突而引发的纠纷。小刚和刘某的争议焦点为：在涉案房屋已经改变所有权人的情况下，刘某是否对涉案房屋依然享有居住权。

根据《民法典》的规定，只要孙某与刘某之间签订的《房屋居住权设立合同》合法，并且不具有违背社会公序良俗、欺诈、胁迫等可能导致合同无效或者可撤销的效力瑕疵，在依法申请居住权登记以后，刘某就享有了居住权。

所以，即便是在原所有人孙某去世以后，小刚通过继承方式成为房屋新所有权人的情况下，刘某仍然有权居住直到去世，而小刚无权将其赶走。

 **关联法条**

《中华人民共和国民法典》

第三百六十六条　居住权人有权按照合同约定，对他人的住宅享有占有、使用的用益物权，以满足生活居住的需要。

第三百六十七条　设立居住权，当事人应当采用书面形式订立居住权合同。

居住权合同一般包括下列条款：

（一）当事人的姓名或者名称和住所；

（二）住宅的位置；

（三）居住的条件和要求；

（四）居住权期限；

（五）解决争议的方法。

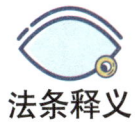

法条释义

以上条文是《民法典》对于居住权的相关规定。

居住权属于用益物权,物权为对物全面支配的权利,直接设定于物之上,权利的实现无须他人的积极作为,权利人之外的任何人仅负消极的不侵犯物权义务,属于绝对权。

为贯彻党中央做出的加快建立多主体供给、多渠道保障住房制度的部署,顺应人民群众"住有所居"的现实需求,《民法典》特意增加了居住权这一用益物权。居住权制度进入《民法典》以后,按照法律规定要件设立,并且经过登记公示的居住权具有对抗任何第三人的法律效力,实现了对当事人利益的强大保护功能。

需要注意的是,《民法典》规定的居住权制度在居住权合同形式和内容、居住权设立方式以及居住权权利限制等方面均有严格规范的要求,对于该项用益物权的取得、享有和保护,要严格按照《民法典》的相关规定执行。

居住权可以被继承吗？

生活小案例

小陈幼年时父母双亡，他和奶奶居住在一栋公房里。在小陈成年之后，他和奶奶都签署了《房屋居住权设立合同》，对这所房屋享有居住权。

几年以后，小陈奶奶过世，小陈的叔叔找到他，说自己是奶奶唯一的孩子，可以继承奶奶对这所房子的居住权，并勒令小陈搬走。小陈叔叔的说法是否正确呢？他真的能够继承居住权吗？

 案例分析

本案中，双方争议的焦点是小陈叔叔是否可以继承小陈奶奶的居住权。居住权是用益物权的一种，指对他人所有的住房及其附属设施占有、使用的权利。因此，权利人一旦过世，其居住权也就不复存在。所以，居住权并不是像小陈叔叔说的那样能够继承的。

要想取得居住权，只有两种方式：一是依照合同取得居住权。比如双方当事人签订《房屋居住权设立合同》，并且办理居住权登记。二是依遗嘱等法律行为取得居住权。房屋所有权人可以通过设立遗嘱的方式为他人设定居住权。但是根据本案的情况，小陈叔叔既没有《房屋居住权设立合同》，也没有遗嘱。

综上所述，涉案房屋只有小陈才是合法的居住权人，小陈叔叔无权进入该房屋居住。小陈叔叔也无权勒令小陈搬走。

关联法条

《中华人民共和国民法典》

第三百六十九条 居住权不得转让、继承。设立居住权的住宅不得出租，但是当事人另有约定的除外。

第三百七十条 居住权期限届满或者居住权人死亡的，居住权消灭。居住权消灭的，应当及时办理注销登记。

第三百七十一条 以遗嘱方式设立居住权的，参照适用本章的有关规定。

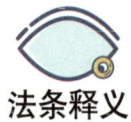

法条释义

以上条文是《民法典》对于居住权的相关规定。

由于居住权不得转让和继承,根据这条规定,居住权人不得将自身享有的居住权转让给第三人。《民法典》第三百六十九条还规定,设立居住权的住宅不得出租,但是当事人另有约定的除外。根据这项规定,居住权人在原则上是不可以出租其享有居住权的住宅,除非事先达成协议。居住权的消灭有七种形式:

(1)居住权人采用明示方法抛弃居住权。这种明示的抛弃意思表示应当对所有权人作出。居住权人作出抛弃意思表示的,即发生消灭居住权的效力,并且不得撤销,除非得到所有权人的同意。

(2)居住权期限届满。居住权设定的期间届满,居住权即时消灭,所有权的负担解除。

(3)居住权人死亡。因为权利主体消灭,所以居住权也随之消灭。

(4)解除居住权条件成就。在设定居住权的遗嘱、遗赠或者合同中,对居住权设有解除条件,如果该条件成就,则居住权消灭。

(5)居住权撤销。居住权人有两种情形可以撤销居住权:一是故意侵害住房所有权人及其亲属的人身权,或者对其财产造成重大损害的;二是危及住房安全等严重影响住房所有权人或者他人合法权益的。但是,房屋所有权人要行使撤销权的时候,应当经过法院裁决,而不得自行为之。

(6)住房被征收、征用、灭失。房屋被征收、征用以及灭失都会使居住权消灭。住房所有权人因此取得补偿费、赔偿金的,居住权人有权请求分得适当的份额;如果居住权人没有独立生活能力,也可以放弃补偿请求权而要求适当安置。

（7）权利混同。住房所有权和居住权发生混同，即两个权利归属于同一人的，将会发生居住权消灭的后果。

居住权一旦消灭，居住权人应当归还住房，同时到物权登记机构办理居住权注销登记。

我的"地盘",为什么要给别人行方便?

生活小案例

村委会将一片可以建房使用的土地使用权转让给了村民朱某和祁某。

因为转让给朱某的土地靠里,所以村委会与祁某签订的《土地转让协议》中约定:祁某在建房时应在东侧沿墙空出一条通道,作为朱某和祁某的公共通道。祁某同意了村委会的要求,双方签订了合同。

祁某建好房屋后,虽然留出了通道,但在通道上安装了大门,致使朱某无法通行。多次沟通无果后,朱某将祁某告上法庭,请求拆除共同通道上的大门,不得阻止自己出入。

 案例分析

本案属于地役权纠纷。地役权是指在他人的不动产之上按照合同约定，设立他人的不动产，以提高自己不动产效益的用益物权。地役权是不动产所有人或使用人之间越出法律赋予的当然权益范围之外，基于合同关系产生的，一种独立的用益物权类型。

在本案中，村委会与祁某签订的《土地转让协议》约定留出公共通道的距离，这是双方对以后为朱某通行提供便利的约定，在该种情况下地役权随之产生。祁某享有使用权的土地为供役地，朱某享有使用权的土地为需役地。

《民法典》第三百八十二条规定："需役地以及需役地上的土地承包经营权、建设用地使用权等部分转让时，转让部分涉及地役权的，受让人同时享有地役权。"因此，朱某在取得该土地使用权的同时也依法享有地役权，祁某在公共通道上安装大门不让朱某通行是对朱某地役权的侵犯，属于侵权行为。所以，朱某要求祁某将大门拆除的请求应当被予以支持。

设立地役权应该采用正确合法的书面《地役权合同》形式，并且朱某应该向祁某支付一定的费用，所以该村委会应该协助朱某和祁某补全合同。

关联法条

《中华人民共和国民法典》

第三百七十二条　地役权人有权按照合同约定，利用他人的不动产，以提高自己的不动产的效益。

前款所称他人的不动产为供役地，自己的不动产为需役地。

第三百七十三条　设立地役权，当事人应当采用

书面形式订立地役权合同。

地役权合同一般包括下列条款：

（一）当事人的姓名或者名称和住所；

（二）供役地和需役地的位置；

（三）利用目的和方法；

（四）地役权期限；

（五）费用及其支付方式；

（六）解决争议的方法。

第三百七十四条 地役权自地役权合同生效时设立。当事人要求登记的，可以向登记机构申请地役权登记；未经登记，不得对抗善意第三人。

第三百八十二条 需役地以及需役地上的土地承包经营权、建设用地使用权等部分转让时，转让部分涉及地役权的，受让人同时享有地役权。

法条释义

以上条文是《民法典》对于地役权的相关规定。地役权不能脱离土地而存在，所以是一种从物权。也就是说，地役权不能够单独转让和单独抵押。如果土地承包经营权、建设用地使用权或者宅基地使用权等进行转让或者抵押，地役权将一并转让或者抵押，但是合同另有约定的除外。签订地役权合同时，当事人可以要求登记也可以不登记，但是如果不登记，就不能够对抗善意第三人。

地役权期限一般情况下时间比较长，因此不免涉及变动问题。这时，如果需役地以及需役地的土地承包经营权、建设用地使用权和宅基地使用权牵扯到部分转让时，转让部分涉及地役权，那么受让人同时享有地役权。如果供役地以及供役地上的土地承包经营权、建设用地使用权和宅基地使用权部分牵扯到转让时，转让部分涉及地役权的，那么地役权对受让人具有约束力。

撞坏作为担保物的汽车，修车费谁来承担？

生活小案例

张某贷款购买了一辆小轿车，与A汽车金融公司签订了《汽车贷款合同》和《汽车抵押合同》，并办理了《车辆抵押登记》作为贷款的担保。

张某在B保险公司投保了车辆损失险。保单特别约定：本保单约定第一受益人为A汽车金融公司。当一次事故的保额高于人民币6000元时，B保险公司须征得第一受益人的书面同意书后，方可对被保险人支付保额（第三者责任险的保险赔款除外）。

不久，周某从A汽车金融公司租得张某的汽车，在驾驶时发生了交通事故，交警认定周某负全责。周某支付修理费、拖车费等合计约1.2万元。周某在要求B保险公司赔偿时遭到拒绝，周某将B保险公司起诉至法院。这件案子将如何判决呢？

 **案例分析**

本案中，需要明确两点：一是张某与 A 汽车金融公司签订的《汽车贷款合同》和《汽车抵押合同》均合法有效；二是张某作为车主与被告 B 保险公司签订的《机动车综合商业保险单》也都是双方当事人真实意思表示，保单中特别约定未违反法律强制性规定，合法有效，所以对当事人均有约束力。

张某已将小轿车设定抵押且已依法办理抵押登记，也就成为担保物。根据法律规定，担保期间，担保财产形态的变化，并不会导致担保物权的消灭。因为设立担保物权就是为了通过对标的物交换价值加以直接的支配以保障债权，所以只要标的物的交换价值依然存在，则无论其附着在何种载体之上，仍应继续为担保物权的效力所及。

值得注意的是，只有真正意义上的担保物权人才享有物上代位的优先受偿权。本案中 A 汽车金融公司作为抵押权人享有就抵押物获得的保险金优先受偿的权利。周某是汽车使用人，无权要求 B 保险公司支付保险金，也无权享有优先受偿的权利。所以，周某的请求法院不予支持。

再明确一点，张某抵押、投保等一系列的行为使得 A 汽车金融公司获得对小轿车享有物权属性的担保权，而周某因支付修车款享有了对该轿车的债权，根据物权优于债权的规定，周某所有享受的债权要让位于 A 汽车金融公司获得的担保物权。那么周某的权利如何得到保障？

从本案实际出发，周某对本次事故负全部责任，系已方责任，非第三方责任，理应基于自身的侵权行为赔付该轿车的修车费用，即使保险公司为周某垫付了修车费用，也会对周某实施代位权追偿的。

关联法条

《中华人民共和国民法典》

第三百八十六条 担保物权人在债务人不履行到期债务或者发生当事人约定的实现担保物权的情形,依法享有就担保财产优先受偿的权利,但是法律另有规定的除外。

第三百八十八条 设立担保物权,应当依照本法和其他法律的规定订立担保合同。担保合同包括抵押合同、质押合同和其他具有担保功能的合同。担保合同是主债权债务合同的从合同。主债权债务合同无效的,担保合同无效,但是法律另有规定的除外。

担保合同被确认无效后,债务人、担保人、债权人有过错的,应当根据其过错各自承担相应的民事责任。

第三百九十条 担保期间,担保财产毁损、灭失或者被征收等,担保物权人可以就获得的保险金、赔偿金或者补偿金等优先受偿。被担保债权的履行期限未届满的,也可以提存该保险金、赔偿金或者补偿金等。

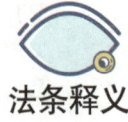

法条释义

以上条文是《民法典》对于担保物权的相关规定。

担保物权是指债权人所享有的为确保债权实现,在债务人或者第三人所有的物或者权利之上设定的,就债务人不履行到期债务或者发生当事人约定的实现担保物权的情形,优先受偿的他物权。

《民法典》扩大了担保合同的范围。法定担保范围包括主债权、利息、违约金、损害赔偿金、保管担保财产的费用和实现担保物权的费用。进一步完善了担保物权制度，明确融资租赁、保理、所有权保留等非典型担保合同的担保功能，增加规定担保合同包括抵押合同、质押合同和其他具有担保功能的合同。

担保物权必须从属于债权而存在，被担保的债权在未受全部清偿前，担保物权人可以就担保物的全部行使权利。担保物因灭失、毁损而获得赔偿金、补偿金或保险金的，该赔偿金、补偿金或保险金将成为担保物的代位物，权利人有权行使担保物权法律。

房产抵押没有登记有效吗？

生活小案例

大林向好友小韦借款，并手写了一份欠条，内容是："大林借小韦人民币伍拾万元整，双方协商于某年某月某日前一次性还给小韦。其间，大林自愿同意将本人名下一套房产作为借款抵押物，如在还款日前不能还清此借款，大林同意将自己名下某房产无条件过户给小韦作为借款偿还物。"

借款到期后，小韦多次向大林催要借款，大林却说自己根本没有向小韦借过钱，还说小韦的欠条是假的，是在勒索自己。小韦无奈，只好将大林起诉至法院，要求大林还钱或者把抵押的房产过户给自己。小韦能够如愿吗？

 **案例分析**

本案属于民间借贷纠纷。民间借贷是一种广泛存在的民间金融活动,主要是指自然人之间、自然人与法人或其他组织之间、法人或其他组织相互之间,以货币或其他有价证券为标的,进行资金融通的行为。

合法的民间借贷关系受法律保护。大林与小韦之间的借款合同关系是双方当事人的真实意思表示,而且没有违反法律法规的强制性规定。所以,法院认定欠条合法有效,小韦要求被告大林偿还借款的请求证据充分、于法有据,予以支持。

但是,关于将欠条中所提到的大林抵押的房产过户给自己,却不像小韦想象的那么容易了。因为虽然大林在欠条中承诺用房产作抵押,但是由于双方没有办理"抵押登记",所以抵押权没有设立,不具备约束力,法律也就没有办法予以保护。因此,法院没有支持小韦关于大林房产抵押过户的诉求。

 **关联法条**

《中华人民共和国民法典》

第三百九十四条 为担保债务的履行,债务人或者第三人不转移财产的占有,将该财产抵押给债权人的,债务人不履行到期债务或者发生当事人约定的实现抵押权的情形,债权人有权就该财产优先受偿。

前款规定的债务人或者第三人为抵押人,债权人为抵押权人,提供担保的财产为抵押财产。

第三百九十五条 债务人或者第三人有权处分的下列财产可以抵押:

（一）建筑物和其他土地附着物；

（二）建设用地使用权；

（三）海域使用权；

（四）生产设备、原材料、半成品、产品；

（五）正在建造的建筑物、船舶、航空器；

（六）交通运输工具；

（七）法律、行政法规未禁止抵押的其他财产。

抵押人可以将前款所列财产一并抵押。

第四百零二条 以本法第三百九十五条第一款第一项至第三项规定的财产或者第五项规定的正在建造的建筑物抵押的，应当办理抵押登记。抵押权自登记时设立。

法条释义

以上条文是《民法典》对于抵押的相关规定。

抵押是指为担保债务的履行，抵押人和债权人以书面形式订立约定，不转移抵押财产的占有，将该财产作为债权的担保。当债务人不履行债务时，债权人有权依法以该财产折价或者以拍卖、变卖该财产的价款优先受偿。

除了规定的可以抵押的财产，《民法典》第三百九十九条规定，下列财产不得抵押：

（1）土地所有权；

（2）宅基地、自留地、自留山等集体所有土地的使用权，但是法律规定可以抵押的除外；

（3）学校、幼儿园、医疗机构等为公益目的成

立的非营利法人的教育设施、医疗卫生设施和其他公益设施;

（4）所有权、使用权不明或者有争议的财产;

（5）依法被查封、扣押、监管的财产;

（6）法律、行政法规规定不得抵押的其他财产。

为了保障交易安全，建筑物和其他土地附着物、建设用地使用权、海域使用权以及正在建造的建筑物、船舶和航空器都要进行抵押登记。因为设立抵押权的本身是为了保障主债权的安全，经过登记这一法定程序，能起到对抵押物是否有瑕疵的把关作用，有利于对抵押权人的保护。

我国现行的法律规定抵押登记是法定要式行为。也就是说，抵押权是一种在抵押物上所设定的他项权利，履行抵押登记手续是抵押法律关系成立的必要条件。所以，办理抵押登记十分重要。

债权可以脱离抵押权单独转让吗?

生活小案例

蒋某向黄某借款80万元,用自己的房屋进行抵押。黄某和蒋某签订了《借款合同》,同时办理了抵押登记。

三个月后,黄某想将对蒋某的债权转让给第三人顾某,他通知蒋某的时候,蒋某在电话里表示同意。于是,黄某与顾某办理了公证。

没过几天,黄某与蒋某签订了《债权债务确认书》,共同确认80万债权的唯一债权人是黄某。

十天后,蒋某收到了顾某快递寄来的《债权转让通知书》。这时蒋某蒙了,搞不清应该向谁履行债务并实现抵押权?蒋某应该怎么办呢?

 **案例分析**

蒋某把房屋进行抵押,与黄某签订《借款合同》,并且作了抵押登记,那么就已经设定了抵押权,发生法律效力。这时,该房屋是抵押物,蒋某是抵押人,黄某是抵押权人。

蒋某抵押房屋是为了向黄某借款 80 万元,是首先有了债权,才会有抵押权。所以,抵押权不能与债权分离而单独转让,如果债权发生转让,那么担保这项债权的抵押权也要一并转让。当然,法律另有规定或者当事人另有约定的除外。

那么在本案中,黄某将债权转让给顾某的同时,抵押权也就一并转让出去了。黄某与蒋某签订的《债权债务确认书》也就无效了。

所以蒋某为担保《借款合同》而立的抵押权应该一并转让给顾某,并向顾某偿还借款、支付利息,并且顾某有权主张对涉案抵押房屋行使优先受偿权。

 **关联法条**

《中华人民共和国民法典》

第四百条 设立抵押权,当事人应当采用书面形式订立抵押合同。

抵押合同一般包括下列条款:
(一)被担保债权的种类和数额;
(二)债务人履行债务的期限;
(三)抵押财产的名称、数量等情况;
(四)担保的范围。

第四百零七条 抵押权不得与债权分离而单独转让或者作为其他债权的担保。债权转让的,担保该债权的抵押权一并转让,但是法律另有规定或者当事人另有约定的除外。

第五百四十五条 债权人可以将债权的全部或者部分转让给第三人，但是有下列情形之一的除外：

（一）根据债权性质不得转让；

（二）按照当事人约定不得转让；

（三）依照法律规定不得转让。

当事人约定非金钱债权不得转让的，不得对抗善意第三人。当事人约定金钱债权不得转让的，不得对抗第三人。

第五百四十六条 债权人转让债权，未通知债务人的，该转让对债务人不发生效力。

债权转让的通知不得撤销，但是经受让人同意的除外。

法条释义

以上条文是《民法典》对于抵押权转让的相关规定。

抵押合同是抵押权人与抵押人签订的具有担保性质的合同。抵押权人通常是债权人，抵押人则既可以是债务人，也可以是第三人。制定抵押的目的是当债务人不能履行债务的时候，抵押权人可以依法处分抵押物，将所得的价款优先受偿。

办理抵押要签订抵押合同，公证处将审查抵押人主体资格和抵押物。审查要求比较严格，根据规定，抵押物是个人财产的，如果有共有人，应先得到所有共有人的同意并出具同意抵押的书面证明；外资企业、私营企业等设有董事会的企业，担保须有董事会决议；国有控股公司、国有企业以其生产、经营关键的国有财产设定抵押的，应事先得到国有资产管理机构的批准，并且提交批准文件。

在某些情况下，债权人可以将债权转让。债权转让是指不改变债权的内容，由债权人通过合同将债权转让给第三人，第三人将取代原债权人的地位而享有合同权利。

债权人转让债权的时候必须先行通知债务人，否则债权转让不产生效力。而且，债权让与人对转让的债权负有担保责任，凡是因为债务人主张可以对抗原债权人的事由而使受让人的利益受到损害的，让与人应当负责。

未到还款日,质押物被变卖怎么办?

生活小案例

小张向小吴借款3万元,提出可以将一套价值六万元的摄影设备作为质押物,承诺当年10月1日一次性还清本息。小吴与小张签订了书面的《质押借款合同》,小吴将3万元现金交付给了小张,同时小张将摄影设备交付给了小吴。

9月25号的时候,小吴急需用钱,而此时小张无钱归还。小吴担心小张到期也还不上钱,就把摄影设备售卖了。小张得知此事后,十分生气,两个人就此产生纠纷。这件事情该怎么处理呢?

案例分析

在分析案例之前，我们先了解下质押、质物、出质人和质权人的概念和关系。

质押是指债务人或第三人将其特定财产移交给债权人占有、作为债权的担保，在债务人不履行债务时，债权人有权依法以该财产折价或拍卖、变卖该财产优先受偿的物权。该财产称为"质物"，提供财产的人称为"出质人"，享有质权的人称为"质权人"。

本案中，摄影设备是质物，小张是出质人，小吴是质权人。小张和小吴的《质押借款合同》中约定，小张于10月1日一次性还本付息。9月25日还没有到合同约定时间，小吴未经小张的同意，就出售了摄影设备，是不合适的，应当承担赔偿责任。

《中华人民共和国民法典》

第四百三十一条　质权人在质权存续期间，未经出质人同意，擅自使用、处分质押财产，造成出质人损害的，应当承担赔偿责任。

第四百三十二条　质权人负有妥善保管质押财产的义务；因保管不善致使质押财产毁损、灭失的，应当承担赔偿责任。

质权人的行为可能使质押财产毁损、灭失的，出质人可以请求质权人将质押财产提存，或者请求提前清偿债务并返还质押财产。

第四百三十四条　质权人在质权存续期间，未经出质人同意转质，造成质押财产毁损、灭失的，应当承担赔偿责任。

法条释义

以上条文是《民法典》对于质权人在质权存续期间的责任与义务的相关规定。

质权人依照质押合同有权占有质物,这是法律赋予质权人的权利。与此同时,法律也规定了质权人负有妥善保管质物的义务。质物虽然归质权人占有,但是其所有权还是出质人的,在质权人占有质物期间,如果因为质权人未尽妥善保管义务致使质物灭失或毁损的,是对出质人的质物所有权的侵害,质权人应当承担民事责任。民事责任包括恢复原状和赔偿损失等。

虽然质权人对质物享有质权,但不妨碍出质人向质权人请求承担质物保管不善的民事责任,该请求权是基于所有权保护而产生的。如果质权人不能妥善保管质物可能致使其灭失或者损毁的,出质人得知后,可以要求质权人将质物提存,或者要求提前清偿债权而返还质物。

《民法典》第四百三十三条规定:"因不可归责于质权人的事由可能使质押财产毁损或者价值明显减少,足以危害质权人权利的,质权人有权请求出质人提供相应的担保;出质人不提供的,质权人可以拍卖、变卖质押财产,并与出质人协议将拍卖、变卖所得的价款提前清偿债务或者提存。"

也就是说,当质押财产可能存在损坏或者价值明显减少的事实足以危害质权人的利益时,质权人为保全其质权不受损害,可以要求出质人提供相应的担保。如果质押财产价值的减少或损毁危害到质权人的质权,法律应当赋予质权人维护其担保利益的救济手段，允许质权人要求出质人提供相应的担保。

但是，如果出质人不提供相应担保，质权人可以拍卖或者变卖质押财产，并与出质人通过协议，将拍卖或者变卖所得的价款提前清偿债权，也可以将处分质押财产的价款提存。而且，此时质权人拍卖、变卖质押财产都不需要经过出质人同意。

当然，拍卖、变卖所得的价款，性质上属于质押财产的替代物，出质人可以用该价款提前向质权人清偿债务，如果以该价款提存，则要等债务履行期限届满，以提存的价款清偿债务。而且要注意，无论是提前清偿债权，还是提存后届时清偿，其价款超出所担保债权的部分，都应当直接归还出质人。

借出的东西，借方不承认怎么办？

生活小案例

老刘曾经借用老李的摩托车，还没来得及归还就意外去世了。老刘的儿子小刘不知道这辆摩托车是老李的，于是当作父亲的遗产继承，并且一直在使用。老李见小刘一直不归还自己的摩托车，就找到小刘，要求物归原主。

小刘声称摩托车是自己父亲的，对老李的说法表示不相信，拒不归还。小刘还说摩托车已经借给朋友崔某，结果被崔某遗失。

老李与小刘因为摩托车的事情扯皮了很久，老李一怒之下将小刘告上法庭，要求小刘返还摩托车或者原价赔偿损失一万元。这时，小刘会承担什么后果呢？

案例分析

这是一个典型的占有案例。占有是指占有人对不动产或者动产的实际控制。占有分为"有权占有"和"无权占有",无权占有又分为"善意占有"和"恶意占有"。其中,善意占有是指占有人不知道或者不应当知道自己无占有的权利而为的占有,而恶意占有是善意占有的对立,是指占有人知道或应当知道自己没有合法占有根据而从事的非法占有。

如果小刘并不知道摩托车是老李的,属于善意占有,那么只需将摩托车归还便可以,不需要承担例如磨损等赔偿责任。但是,如果他在明知摩托车的真正主人是老李后还拒不归还,就属于恶意占有。此时,小刘不仅要归还老李的摩托车,还要根据实际情况赔偿老李的损失。

摩托车在小刘借给朋友崔某的时候被崔某遗失,现在没有摩托车,小刘应当赔偿因此给老李造成的损失。老李的摩托车价值一万元,根据使用时间折旧,按市场行情折价后,小刘作为占有人,要将损失赔付给老李。

关联法条

《中华人民共和国民法典》

第四百五十九条 占有人因使用占有的不动产或者动产,致使该不动产或者动产受到损害的,恶意占有人应当承担赔偿责任。

第四百六十条 不动产或者动产被占有人占有的,权利人可以请求返还原物及其孳息;但是,应当支付善意占有人因维护该不动产或者动产支出的必要费用。

第四百六十一条 占有的不动产或者动产毁损、灭失,该不动产或者动产的权利人请求赔偿的,占有人应当将因毁损、灭失取得的保险金、赔偿金或者补偿金等返还给权利人;权利人的损害未得到足够弥补的,恶意占有人还应当赔偿损失。

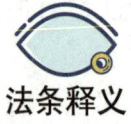
法条释义

以上条文是《民法典》对于占有的相关规定。

有权占有是指有法律上或者事实上的占有,如保管人、承租人和质权人对标的物的占有。而无权占有是指没有法律上的根据或者原因欠缺的占有,例如遗失物拾得人的占有(构成无因管理的除外)、小偷对赃物的占有、无效买卖合同中买受人的占有以及租赁期届满后承租人对租赁物的占有。无权占有人不能对抗权利人返还原物的主张。

无权占有分为善意占有和恶意占有。区分善意占有与恶意占有的意义在于明确具体占有的不同效力和非法占有人的不同责任。虽然善意占有人同样不可以对抗权利人返还原物的主张,甚至权利人可以主张孳息,但是权利人依旧要支付善意占有人因维护占有物而支出的必要费用。

对于恶意占有人,不适用动产即时取得制度,无论恶意占有人是有偿取得还是无偿取得他人财产,原物权利人均可以主张返还原物。恶意占有人在对不法占有的财产造成毁损时,应当承担赔偿责任。

附录：

中华人民共和国民法典·物权编

（2020年5月28日第十三届全国人民代表大会第三次会议通过，自2021年1月1日起施行）

第二编 物 权

第一分编 通 则

第一章 一般规定

第二百零五条 本编调整因物的归属和利用产生的民事关系。

第二百零六条 国家坚持和完善公有制为主体、多种所有制经济共同发展，按劳分配为主体、多种分配方式并存，社会主义市场经济体制等社会主义基本经济制度。

国家巩固和发展公有制经济，鼓励、支持和引导非公有制经济的发展。

国家实行社会主义市场经济，保障一切市场主体的平等法律地位和发展权利。

第二百零七条 国家、集体、私人的物权和其他权利人的物权受法律平等保护，任何组织或者个人不得侵犯。

第二百零八条 不动产物权的设立、变更、转让和消灭，应当依照法律规定登记。动产物权的设立和转让，应当依照法律规定交付。

第二章 物权的设立、变更、转让和消灭

第一节 不动产登记

第二百零九条 不动产物权的设立、变更、转让和消灭，经依法登记，发生效力；未经登记，不发生效力，但是法律另有规定的除外。

依法属于国家所有的自然资源，所有权可以不登记。

第二百一十条 不动产登记，由不动产所在地的登记机构办理。

国家对不动产实行统一登记制度。统一登记的范围、登记机构和登记办法，由法律、行政法规规定。

第二百一十一条　当事人申请登记，应当根据不同登记事项提供权属证明和不动产界址、面积等必要材料。

第二百一十二条　登记机构应当履行下列职责：

（一）查验申请人提供的权属证明和其他必要材料；

（二）就有关登记事项询问申请人；

（三）如实、及时登记有关事项；

（四）法律、行政法规规定的其他职责。

申请登记的不动产的有关情况需要进一步证明的，登记机构可以要求申请人补充材料，必要时可以实地查看。

第二百一十三条　登记机构不得有下列行为：

（一）要求对不动产进行评估；

（二）以年检等名义进行重复登记；

（三）超出登记职责范围的其他行为。

第二百一十四条　不动产物权的设立、变更、转让和消灭，依照法律规定应当登记的，自记载于不动产登记簿时发生效力。

第二百一十五条　当事人之间订立有关设立、变更、转让和消灭不动产物权的合同，除法律另有规定或者当事人另有约定外，自合同成立时生效；未办理物权登记的，不影响合同效力。

第二百一十六条　不动产登记簿是物权归属和内容的根据。

不动产登记簿由登记机构管理。

第二百一十七条　不动产权属证书是权利人享有该不动产物权的证明。不动产权属证书记载的事项，应当与不动产登记簿一致；记载不一致的，除有证据证明不动产登记簿确有错误外，以不动产登记簿为准。

第二百一十八条　权利人、利害关系人可以申请查询、复制不动产登记资料，登记机构应当提供。

第二百一十九条　利害关系人不得公开、非法使用权利人的不动产登记资料。

第二百二十条　权利人、利害关系人认为不动产登记簿记载的事项错误的，可以申请更正登记。不动产登记簿记载的权利人书面同意更正或者有证据证明登记确有错误的，登记机构应当予以更正。

不动产登记簿记载的权利人不同意更正的，利害关系人可以申请异议登记。登记机构予以异议登记，申请人自异议登记之日起十五日内不提起诉讼的，异议登记失效。异议登记不当，造成权利人损害的，权利人可以向申请人请求损害赔偿。

第二百二十一条 当事人签订买卖房屋的协议或者签订其他不动产物权的协议，为保障将来实现物权，按照约定可以向登记机构申请预告登记。预告登记后，未经预告登记的权利人同意，处分该不动产的，不发生物权效力。

预告登记后，债权消灭或者自能够进行不动产登记之日起九十日内未申请登记的，预告登记失效。

第二百二十二条 当事人提供虚假材料申请登记，造成他人损害的，应当承担赔偿责任。

因登记错误，造成他人损害的，登记机构应当承担赔偿责任。登记机构赔偿后，可以向造成登记错误的人追偿。

第二百二十三条 不动产登记费按件收取，不得按照不动产的面积、体积或者价款的比例收取。

第二节 动产交付

第二百二十四条 动产物权的设立和转让，自交付时发生效力，但是法律另有规定的除外。

第二百二十五条 船舶、航空器和机动车等的物权的设立、变更、转让和消灭，未经登记，不得对抗善意第三人。

第二百二十六条 动产物权设立和转让前，权利人已经占有该动产的，物权自民事法律行为生效时发生效力。

第二百二十七条 动产物权设立和转让前，第三人占有该动产的，负有交付义务的人可以通过转让请求第三人返还原物的权利代替交付。

第二百二十八条 动产物权转让时，当事人又约定由出让人继续占有该动产的，物权自该约定生效时发生效力。

第三节　其他规定

第二百二十九条　因人民法院、仲裁机构的法律文书或者人民政府的征收决定等，导致物权设立、变更、转让或者消灭的，自法律文书或者征收决定等生效时发生效力。

第二百三十条　因继承取得物权的，自继承开始时发生效力。

第二百三十一条　因合法建造、拆除房屋等事实行为设立或者消灭物权的，自事实行为成就时发生效力。

第二百三十二条　处分依照本节规定享有的不动产物权，依照法律规定需要办理登记的，未经登记，不发生物权效力。

第三章　物权的保护

第二百三十三条　物权受到侵害的，权利人可以通过和解、调解、仲裁、诉讼等途径解决。

第二百三十四条　因物权的归属、内容发生争议的，利害关系人可以请求确认权利。

第二百三十五条　无权占有不动产或者动产的，权利人可以请求返还原物。

第二百三十六条　妨害物权或者可能妨害物权的，权利人可以请求排除妨害或者消除危险。

第二百三十七条　造成不动产或者动产毁损的，权利人可以依法请求修理、重作、更换或者恢复原状。

第二百三十八条　侵害物权，造成权利人损害的，权利人可以依法请求损害赔偿，也可以依法请求承担其他民事责任。

第二百三十九条　本章规定的物权保护方式，可以单独适用，也可以根据权利被侵害的情形合并适用。

第二分编 所 有 权

第四章 一般规定

第二百四十条 所有权人对自己的不动产或者动产,依法享有占有、使用、收益和处分的权利。

第二百四十一条 所有权人有权在自己的不动产或者动产上设立用益物权和担保物权。用益物权人、担保物权人行使权利,不得损害所有权人的权益。

第二百四十二条 法律规定专属于国家所有的不动产和动产,任何组织或者个人不能取得所有权。

第二百四十三条 为了公共利益的需要,依照法律规定的权限和程序可以征收集体所有的土地和组织、个人的房屋以及其他不动产。

征收集体所有的土地,应当依法及时足额支付土地补偿费、安置补助费以及农村村民住宅、其他地上附着物和青苗等的补偿费用,并安排被征地农民的社会保障费用,保障被征地农民的生活,维护被征地农民的合法权益。

征收组织、个人的房屋以及其他不动产,应当依法给予征收补偿,维护被征收人的合法权益;征收个人住宅的,还应当保障被征收人的居住条件。

任何组织或者个人不得贪污、挪用、私分、截留、拖欠征收补偿费等费用。

第二百四十四条 国家对耕地实行特殊保护,严格限制农用地转为建设用地,控制建设用地总量。不得违反法律规定的权限和程序征收集体所有的土地。

第二百四十五条 因抢险救灾、疫情防控等紧急需要,依照法律规定的权限和程序可以征用组织、个人的不动产或者动产。被征用的不动产或者动产使用后,应当返还被征用人。组织、个人的不动产或者动产被征用或者征用后毁损、灭失的,应当给予补偿。

第五章 国家所有权和集体所有权、私人所有权

第二百四十六条 法律规定属于国家所有的财产,属于国家所有即全民所有。

国有财产由国务院代表国家行使所有权。法律另有规定的，依照其规定。

第二百四十七条 矿藏、水流、海域属于国家所有。

第二百四十八条 无居民海岛属于国家所有，国务院代表国家行使无居民海岛所有权。

第二百四十九条 城市的土地，属于国家所有。法律规定属于国家所有的农村和城市郊区的土地，属于国家所有。

第二百五十条 森林、山岭、草原、荒地、滩涂等自然资源，属于国家所有，但是法律规定属于集体所有的除外。

第二百五十一条 法律规定属于国家所有的野生动植物资源，属于国家所有。

第二百五十二条 无线电频谱资源属于国家所有。

第二百五十三条 法律规定属于国家所有的文物，属于国家所有。

第二百五十四条 国防资产属于国家所有。

铁路、公路、电力设施、电信设施和油气管道等基础设施，依照法律规定为国家所有的，属于国家所有。

第二百五十五条 国家机关对其直接支配的不动产和动产，享有占有、使用以及依照法律和国务院的有关规定处分的权利。

第二百五十六条 国家举办的事业单位对其直接支配的不动产和动产，享有占有、使用以及依照法律和国务院的有关规定收益、处分的权利。

第二百五十七条 国家出资的企业，由国务院、地方人民政府依照法律、行政法规规定分别代表国家履行出资人职责，享有出资人权益。

第二百五十八条 国家所有的财产受法律保护，禁止任何组织或者个人侵占、哄抢、私分、截留、破坏。

第二百五十九条 履行国有财产管理、监督职责的机构及其工作人员，应当依法加强对国有财产的管理、监督，促进国有财产保值增值，防止国有财产损失；滥用职权，玩忽职守，造成国有财产损失的，应当依法承担法律责任。

违反国有财产管理规定，在企业改制、合并分立、关联交易等过程中，低价转让、合谋私分、擅自担保或者以其他方式造成国有财产损失的，应当依法承担法律责任。

第二百六十条　集体所有的不动产和动产包括：

（一）法律规定属于集体所有的土地和森林、山岭、草原、荒地、滩涂；

（二）集体所有的建筑物、生产设施、农田水利设施；

（三）集体所有的教育、科学、文化、卫生、体育等设施；

（四）集体所有的其他不动产和动产。

第二百六十一条　农民集体所有的不动产和动产，属于本集体成员集体所有。

下列事项应当依照法定程序经本集体成员决定：

（一）土地承包方案以及将土地发包给本集体以外的组织或者个人承包；

（二）个别土地承包经营权人之间承包地的调整；

（三）土地补偿费等费用的使用、分配办法；

（四）集体出资的企业的所有权变动等事项；

（五）法律规定的其他事项。

第二百六十二条　对于集体所有的土地和森林、山岭、草原、荒地、滩涂等，依照下列规定行使所有权：

（一）属于村农民集体所有的，由村集体经济组织或者村民委员会依法代表集体行使所有权；

（二）分别属于村内两个以上农民集体所有的，由村内各该集体经济组织或者村民小组依法代表集体行使所有权；

（三）属于乡镇农民集体所有的，由乡镇集体经济组织代表集体行使所有权。

第二百六十三条　城镇集体所有的不动产和动产，依照法律、行政法规的规定由本集体享有占有、使用、收益和处分的权利。

第二百六十四条　农村集体经济组织或者村民委员会、村民小组应当依照法律、行政法规以及章程、村规民约向本集体成员公布集体财产的状况。集体成员有权查阅、复制相关资料。

第二百六十五条　集体所有的财产受法律保护，禁止任何组织或者个人侵占、哄抢、私分、破坏。

农村集体经济组织、村民委员会或者其负责人作出的决定侵害集体成员合法权益的，受侵害的集体成员可以请求人民法院予以撤销。

第二百六十六条 私人对其合法的收入、房屋、生活用品、生产工具、原材料等不动产和动产享有所有权。

第二百六十七条 私人的合法财产受法律保护，禁止任何组织或者个人侵占、哄抢、破坏。

第二百六十八条 国家、集体和私人依法可以出资设立有限责任公司、股份有限公司或者其他企业。国家、集体和私人所有的不动产或者动产投到企业的，由出资人按照约定或者出资比例享有资产收益、重大决策以及选择经营管理者等权利并履行义务。

第二百六十九条 营利法人对其不动产和动产依照法律、行政法规以及章程享有占有、使用、收益和处分的权利。

营利法人以外的法人，对其不动产和动产的权利，适用有关法律、行政法规以及章程的规定。

第二百七十条 社会团体法人、捐助法人依法所有的不动产和动产，受法律保护。

第六章 业主的建筑物区分所有权

第二百七十一条 业主对建筑物内的住宅、经营性用房等专有部分享有所有权，对专有部分以外的共有部分享有共有和共同管理的权利。

第二百七十二条 业主对其建筑物专有部分享有占有、使用、收益和处分的权利。业主行使权利不得危及建筑物的安全，不得损害其他业主的合法权益。

第二百七十三条 业主对建筑物专有部分以外的共有部分，享有权利，承担义务；不得以放弃权利为由不履行义务。

业主转让建筑物内的住宅、经营性用房，其对共有部分享有的共有和共同管理的权利一并转让。

第二百七十四条 建筑区划内的道路，属于业主共有，但是属于城镇公共道路的除外。建筑区划内的绿地，属于业主共有，但是属于城镇公共绿地或者明示属于个人的除外。建筑区划内的其他公共场所、公用设施和物业服务用房，属于业主共有。

第二百七十五条 建筑区划内，规划用于停放汽车的车位、车库的归属，由当事人通过出售、附赠或者出租等方式约定。

占用业主共有的道路或者其他场地用于停放汽车的车位，属于业主共有。

第二百七十六条 建筑区划内，规划用于停放汽车的车位、车库应当首先满足业主的需要。

第二百七十七条 业主可以设立业主大会，选举业主委员会。业主大会、业主委员会成立的具体条件和程序，依照法律、法规的规定。

地方人民政府有关部门、居民委员会应当对设立业主大会和选举业主委员会给予指导和协助。

第二百七十八条 下列事项由业主共同决定：

（一）制定和修改业主大会议事规则；

（二）制定和修改管理规约；

（三）选举业主委员会或者更换业主委员会成员；

（四）选聘和解聘物业服务企业或者其他管理人；

（五）使用建筑物及其附属设施的维修资金；

（六）筹集建筑物及其附属设施的维修资金；

（七）改建、重建建筑物及其附属设施；

（八）改变共有部分的用途或者利用共有部分从事经营活动；

（九）有关共有和共同管理权利的其他重大事项。

业主共同决定事项，应当由专有部分面积占比三分之二以上的业主且人数占比三分之二以上的业主参与表决。决定前款第六项至第八项规定的事项，应当经参与表决专有部分面积四分之三以上的业主且参与表决人数四分之三以上的业主同意。决定前款其他事项，应当经参与表决专有部分面积过半数的业主且参与表决人数过半数的业主同意。

第二百七十九条 业主不得违反法律、法规以及管理规约，将住宅改变为经营性用房。业主将住宅改变为经营性用房的，除遵守法律、法规以及管理规约外，应当经有利害关系的业主一致同意。

第二百八十条　业主大会或者业主委员会的决定，对业主具有法律约束力。

业主大会或者业主委员会作出的决定侵害业主合法权益的，受侵害的业主可以请求人民法院予以撤销。

第二百八十一条　建筑物及其附属设施的维修资金，属于业主共有。经业主共同决定，可以用于电梯、屋顶、外墙、无障碍设施等共有部分的维修、更新和改造。建筑物及其附属设施的维修资金的筹集、使用情况应当定期公布。

紧急情况下需要维修建筑物及其附属设施的，业主大会或者业主委员会可以依法申请使用建筑物及其附属设施的维修资金。

第二百八十二条　建设单位、物业服务企业或者其他管理人等利用业主的共有部分产生的收入，在扣除合理成本之后，属于业主共有。

第二百八十三条　建筑物及其附属设施的费用分摊、收益分配等事项，有约定的，按照约定；没有约定或者约定不明确的，按照业主专有部分面积所占比例确定。

第二百八十四条　业主可以自行管理建筑物及其附属设施，也可以委托物业服务企业或者其他管理人管理。

对建设单位聘请的物业服务企业或者其他管理人，业主有权依法更换。

第二百八十五条　物业服务企业或者其他管理人根据业主的委托，依照本法第三编有关物业服务合同的规定管理建筑区划内的建筑物及其附属设施，接受业主的监督，并及时答复业主对物业服务情况提出的询问。

物业服务企业或者其他管理人应当执行政府依法实施的应急处置措施和其他管理措施，积极配合开展相关工作。

第二百八十六条　业主应当遵守法律、法规以及管理规约，相关行为应当符合节约资源、保护生态环境的要求。对于物业服务企业或者其他管理人执行政府依法实施的应急处置措施和其他管理措施，业主应当依法予以配合。

业主大会或者业主委员会，对任意弃置垃圾、排放污染物或者噪声、违反规定饲养动物、违章搭建、侵占通道、拒付物业费等损害他人合法权益的行为，有权依照法律、法规以及管理规约，请求行为人停止侵害、排除妨碍、消除危险、恢复原状、赔偿损失。

业主或者其他行为人拒不履行相关义务的,有关当事人可以向有关行政主管部门报告或者投诉,有关行政主管部门应当依法处理。

第二百八十七条 业主对建设单位、物业服务企业或者其他管理人以及其他业主侵害自己合法权益的行为,有权请求其承担民事责任。

第七章 相邻关系

第二百八十八条 不动产的相邻权利人应当按照有利生产、方便生活、团结互助、公平合理的原则,正确处理相邻关系。

第二百八十九条 法律、法规对处理相邻关系有规定的,依照其规定;法律、法规没有规定的,可以按照当地习惯。

第二百九十条 不动产权利人应当为相邻权利人用水、排水提供必要的便利。

对自然流水的利用,应当在不动产的相邻权利人之间合理分配。对自然流水的排放,应当尊重自然流向。

第二百九十一条 不动产权利人对相邻权利人因通行等必须利用其土地的,应当提供必要的便利。

第二百九十二条 不动产权利人因建造、修缮建筑物以及铺设电线、电缆、水管、暖气和燃气管线等必须利用相邻土地、建筑物的,该土地、建筑物的权利人应当提供必要的便利。

第二百九十三条 建造建筑物,不得违反国家有关工程建设标准,不得妨碍相邻建筑物的通风、采光和日照。

第二百九十四条 不动产权利人不得违反国家规定弃置固体废物,排放大气污染物、水污染物、土壤污染物、噪声、光辐射、电磁辐射等有害物质。

第二百九十五条 不动产权利人挖掘土地、建造建筑物、铺设管线以及安装设备等,不得危及相邻不动产的安全。

第二百九十六条 不动产权利人因用水、排水、通行、铺设管线等利用相邻不动产的,应当尽量避免对相邻的不动产权利人造成损害。

第八章 共 有

第二百九十七条 不动产或者动产可以由两个以上组织、个人共有。共有包括按份共有和共同共有。

第二百九十八条 按份共有人对共有的不动产或者动产按照其份额享有所有权。

第二百九十九条 共同共有人对共有的不动产或者动产共同享有所有权。

第三百条 共有人按照约定管理共有的不动产或者动产；没有约定或者约定不明确的，各共有人都有管理的权利和义务。

第三百零一条 处分共有的不动产或者动产以及对共有的不动产或者动产作重大修缮、变更性质或者用途的，应当经占份额三分之二以上的按份共有人或者全体共同共有人同意，但是共有人之间另有约定的除外。

第三百零二条 共有人对共有物的管理费用以及其他负担，有约定的，按照其约定；没有约定或者约定不明确的，按份共有人按照其份额负担，共同共有人共同负担。

第三百零三条 共有人约定不得分割共有的不动产或者动产，以维持共有关系的，应当按照约定，但是共有人有重大理由需要分割的，可以请求分割；没有约定或者约定不明确的，按份共有人可以随时请求分割，共同共有人在共有的基础丧失或者有重大理由需要分割时可以请求分割。因分割造成其他共有人损害的，应当给予赔偿。

第三百零四条 共有人可以协商确定分割方式。达不成协议，共有的不动产或者动产可以分割且不会因分割减损价值的，应当对实物予以分割；难以分割或者因分割会减损价值的，应当对折价或者拍卖、变卖取得的价款予以分割。

共有人分割所得的不动产或者动产有瑕疵的，其他共有人应当分担损失。

第三百零五条 按份共有人可以转让其享有的共有的不动产或者动产份额。其他共有人在同等条件下享有优先购买的权利。

第三百零六条 按份共有人转让其享有的共有的不动产或者动产份额的，

应当将转让条件及时通知其他共有人。其他共有人应当在合理期限内行使优先购买权。

两个以上其他共有人主张行使优先购买权的，协商确定各自的购买比例；协商不成的，按照转让时各自的共有份额比例行使优先购买权。

第三百零七条 因共有的不动产或者动产产生的债权债务，在对外关系上，共有人享有连带债权、承担连带债务，但是法律另有规定或者第三人知道共有人不具有连带债权债务关系的除外；在共有人内部关系上，除共有人另有约定外，按份共有人按照份额享有债权、承担债务，共同共有人共同享有债权、承担债务。偿还债务超过自己应当承担份额的按份共有人，有权向其他共有人追偿。

第三百零八条 共有人对共有的不动产或者动产没有约定为按份共有或者共同共有，或者约定不明确的，除共有人具有家庭关系等外，视为按份共有。

第三百零九条 按份共有人对共有的不动产或者动产享有的份额，没有约定或者约定不明确的，按照出资额确定；不能确定出资额的，视为等额享有。

第三百一十条 两个以上组织、个人共同享有用益物权、担保物权的，参照适用本章的有关规定。

第九章　所有权取得的特别规定

第三百一十一条 无处分权人将不动产或者动产转让给受让人的，所有权人有权追回；除法律另有规定外，符合下列情形的，受让人取得该不动产或者动产的所有权：

（一）受让人受让该不动产或者动产时是善意；

（二）以合理的价格转让；

（三）转让的不动产或者动产依照法律规定应当登记的已经登记，不需要登记的已经交付给受让人。

受让人依据前款规定取得不动产或者动产的所有权的，原所有权人有权向无处分权人请求损害赔偿。

当事人善意取得其他物权的，参照适用前两款规定。

第三百一十二条 所有权人或者其他权利人有权追回遗失物。该遗失物通过转让被他人占有的,权利人有权向无处分权人请求损害赔偿,或者自知道或者应当知道受让人之日起二年内向受让人请求返还原物;但是,受让人通过拍卖或者向具有经营资格的经营者购得该遗失物的,权利人请求返还原物时应当支付受让人所付的费用。权利人向受让人支付所付费用后,有权向无处分权人追偿。

第三百一十三条 善意受让人取得动产后,该动产上的原有权利消灭。但是,善意受让人在受让时知道或者应当知道该权利的除外。

第三百一十四条 拾得遗失物,应当返还权利人。拾得人应当及时通知权利人领取,或者送交公安等有关部门。

第三百一十五条 有关部门收到遗失物,知道权利人的,应当及时通知其领取;不知道的,应当及时发布招领公告。

第三百一十六条 拾得人在遗失物送交有关部门前,有关部门在遗失物被领取前,应当妥善保管遗失物。因故意或者重大过失致使遗失物毁损、灭失的,应当承担民事责任。

第三百一十七条 权利人领取遗失物时,应当向拾得人或者有关部门支付保管遗失物等支出的必要费用。

权利人悬赏寻找遗失物的,领取遗失物时应当按照承诺履行义务。

拾得人侵占遗失物的,无权请求保管遗失物等支出的费用,也无权请求权利人按照承诺履行义务。

第三百一十八条 遗失物自发布招领公告之日起一年内无人认领的,归国家所有。

第三百一十九条 拾得漂流物、发现埋藏物或者隐藏物的,参照适用拾得遗失物的有关规定。法律另有规定的,依照其规定。

第三百二十条 主物转让的,从物随主物转让,但是当事人另有约定的除外。

第三百二十一条 天然孳息,由所有权人取得;既有所有权人又有用益物权人的,由用益物权人取得。当事人另有约定的,按照其约定。

法定孳息,当事人有约定的,按照约定取得;没有约定或者约定不明确的,按照交易习惯取得。

第三百二十二条 因加工、附合、混合而产生的物的归属，有约定的，按照约定；没有约定或者约定不明确的，依照法律规定；法律没有规定的，按照充分发挥物的效用以及保护无过错当事人的原则确定。因一方当事人的过错或者确定物的归属造成另一方当事人损害的，应当给予赔偿或者补偿。

第三分编　用益物权

第十章　一般规定

第三百二十三条 用益物权人对他人所有的不动产或者动产，依法享有占有、使用和收益的权利。

第三百二十四条 国家所有或者国家所有由集体使用以及法律规定属于集体所有的自然资源，组织、个人依法可以占有、使用和收益。

第三百二十五条 国家实行自然资源有偿使用制度，但是法律另有规定的除外。

第三百二十六条 用益物权人行使权利，应当遵守法律有关保护和合理开发利用资源、保护生态环境的规定。所有权人不得干涉用益物权人行使权利。

第三百二十七条 因不动产或者动产被征收、征用致使用益物权消灭或者影响用益物权行使的，用益物权人有权依据本法第二百四十三条、第二百四十五条的规定获得相应补偿。

第三百二十八条 依法取得的海域使用权受法律保护。

第三百二十九条 依法取得的探矿权、采矿权、取水权和使用水域、滩涂从事养殖、捕捞的权利受法律保护。

第十一章　土地承包经营权

第三百三十条 农村集体经济组织实行家庭承包经营为基础、统分结合的双层经营体制。

农民集体所有和国家所有由农民集体使用的耕地、林地、草地以及其他用于农业的土地，依法实行土地承包经营制度。

第三百三十一条　土地承包经营权人依法对其承包经营的耕地、林地、草地等享有占有、使用和收益的权利，有权从事种植业、林业、畜牧业等农业生产。

第三百三十二条　耕地的承包期为三十年。草地的承包期为三十年至五十年。林地的承包期为三十年至七十年。

前款规定的承包期限届满，由土地承包经营权人依照农村土地承包的法律规定继续承包。

第三百三十三条　土地承包经营权自土地承包经营权合同生效时设立。

登记机构应当向土地承包经营权人发放土地承包经营权证、林权证等证书，并登记造册，确认土地承包经营权。

第三百三十四条　土地承包经营权人依照法律规定，有权将土地承包经营权互换、转让。未经依法批准，不得将承包地用于非农建设。

第三百三十五条　土地承包经营权互换、转让的，当事人可以向登记机构申请登记；未经登记，不得对抗善意第三人。

第三百三十六条　承包期内发包人不得调整承包地。

因自然灾害严重毁损承包地等特殊情形，需要适当调整承包的耕地和草地的，应当依照农村土地承包的法律规定办理。

第三百三十七条　承包期内发包人不得收回承包地。法律另有规定的，依照其规定。

第三百三十八条　承包地被征收的，土地承包经营权人有权依据本法第二百四十三条的规定获得相应补偿。

第三百三十九条　土地承包经营权人可以自主决定依法采取出租、入股或者其他方式向他人流转土地经营权。

第三百四十条　土地经营权人有权在合同约定的期限内占有农村土地，自主开展农业生产经营并取得收益。

第三百四十一条　流转期限为五年以上的土地经营权，自流转合同生效时设立。当事人可以向登记机构申请土地经营权登记；未经登记，不得对抗善意第三人。

第三百四十二条　通过招标、拍卖、公开协商等方式承包农村土地，经依法登记取得权属证书的，可以依法采取出租、入股、抵押或者其他方式流转土地经营权。

第三百四十三条　国家所有的农用地实行承包经营的，参照适用本编的有关规定。

第十二章　建设用地使用权

第三百四十四条　建设用地使用权人依法对国家所有的土地享有占有、使用和收益的权利，有权利用该土地建造建筑物、构筑物及其附属设施。

第三百四十五条　建设用地使用权可以在土地的地表、地上或者地下分别设立。

第三百四十六条　设立建设用地使用权，应当符合节约资源、保护生态环境的要求，遵守法律、行政法规关于土地用途的规定，不得损害已经设立的用益物权。

第三百四十七条　设立建设用地使用权，可以采取出让或者划拨等方式。

工业、商业、旅游、娱乐和商品住宅等经营性用地以及同一土地有两个以上意向用地者的，应当采取招标、拍卖等公开竞价的方式出让。

严格限制以划拨方式设立建设用地使用权。

第三百四十八条　通过招标、拍卖、协议等出让方式设立建设用地使用权的，当事人应当采用书面形式订立建设用地使用权出让合同。

建设用地使用权出让合同一般包括下列条款：

（一）当事人的名称和住所；

（二）土地界址、面积等；

（三）建筑物、构筑物及其附属设施占用的空间；

（四）土地用途、规划条件；

（五）建设用地使用权期限；

（六）出让金等费用及其支付方式；

（七）解决争议的方法。

第三百四十九条 设立建设用地使用权的，应当向登记机构申请建设用地使用权登记。建设用地使用权自登记时设立。登记机构应当向建设用地使用权人发放权属证书。

第三百五十条 建设用地使用权人应当合理利用土地，不得改变土地用途；需要改变土地用途的，应当依法经有关行政主管部门批准。

第三百五十一条 建设用地使用权人应当依照法律规定以及合同约定支付出让金等费用。

第三百五十二条 建设用地使用权人建造的建筑物、构筑物及其附属设施的所有权属于建设用地使用权人，但是有相反证据证明的除外。

第三百五十三条 建设用地使用权人有权将建设用地使用权转让、互换、出资、赠与或者抵押，但是法律另有规定的除外。

第三百五十四条 建设用地使用权转让、互换、出资、赠与或者抵押的，当事人应当采用书面形式订立相应的合同。使用期限由当事人约定，但是不得超过建设用地使用权的剩余期限。

第三百五十五条 建设用地使用权转让、互换、出资或者赠与的，应当向登记机构申请变更登记。

第三百五十六条 建设用地使用权转让、互换、出资或者赠与的，附着于该土地上的建筑物、构筑物及其附属设施一并处分。

第三百五十七条 建筑物、构筑物及其附属设施转让、互换、出资或者赠与的，该建筑物、构筑物及其附属设施占用范围内的建设用地使用权一并处分。

第三百五十八条 建设用地使用权期限届满前，因公共利益需要提前收回该土地的，应当依据本法第二百四十三条的规定对该土地上的房屋以及其他不动产给予补偿，并退还相应的出让金。

第三百五十九条 住宅建设用地使用权期限届满的，自动续期。续期费用的缴纳或者减免，依照法律、行政法规的规定办理。

非住宅建设用地使用权期限届满后的续期，依照法律规定办理。该土地上的房屋以及其他不动产的归属，有约定的，按照约定；没有约定或者约定不明确的，依照法律、行政法规的规定办理。

第三百六十条 建设用地使用权消灭的，出让人应当及时办理注销登记。登记机构应当收回权属证书。

第三百六十一条 集体所有的土地作为建设用地的，应当依照土地管理的法律规定办理。

第十三章 宅基地使用权

第三百六十二条 宅基地使用权人依法对集体所有的土地享有占有和使用的权利，有权依法利用该土地建造住宅及其附属设施。

第三百六十三条 宅基地使用权的取得、行使和转让，适用土地管理的法律和国家有关规定。

第三百六十四条 宅基地因自然灾害等原因灭失的，宅基地使用权消灭。对失去宅基地的村民，应当依法重新分配宅基地。

第三百六十五条 已经登记的宅基地使用权转让或者消灭的，应当及时办理变更登记或者注销登记。

第十四章 居住权

第三百六十六条 居住权人有权按照合同约定，对他人的住宅享有占有、使用的用益物权，以满足生活居住的需要。

第三百六十七条 设立居住权，当事人应当采用书面形式订立居住权合同。

居住权合同一般包括下列条款：

（一）当事人的姓名或者名称和住所；

（二）住宅的位置；

（三）居住的条件和要求；

（四）居住权期限；

（五）解决争议的方法。

第三百六十八条　居住权无偿设立，但是当事人另有约定的除外。设立居住权的，应当向登记机构申请居住权登记。居住权自登记时设立。

第三百六十九条　居住权不得转让、继承。设立居住权的住宅不得出租，但是当事人另有约定的除外。

第三百七十条　居住权期限届满或者居住权人死亡的，居住权消灭。居住权消灭的，应当及时办理注销登记。

第三百七十一条　以遗嘱方式设立居住权的，参照适用本章的有关规定。

第十五章　地役权

第三百七十二条　地役权人有权按照合同约定，利用他人的不动产，以提高自己的不动产的效益。

前款所称他人的不动产为供役地，自己的不动产为需役地。

第三百七十三条　设立地役权，当事人应当采用书面形式订立地役权合同。

地役权合同一般包括下列条款：

（一）当事人的姓名或者名称和住所；

（二）供役地和需役地的位置；

（三）利用目的和方法；

（四）地役权期限；

（五）费用及其支付方式；

（六）解决争议的方法。

第三百七十四条　地役权自地役权合同生效时设立。当事人要求登记的，可以向登记机构申请地役权登记；未经登记，不得对抗善意第三人。

第三百七十五条　供役地权利人应当按照合同约定，允许地役权人利用其不动产，不得妨害地役权人行使权利。

第三百七十六条　地役权人应当按照合同约定的利用目的和方法利用供役地，尽量减少对供役地权利人物权的限制。

第三百七十七条　地役权期限由当事人约定；但是，不得超过土地承包经营权、建设用地使用权等用益物权的剩余期限。

第三百七十八条　土地所有权人享有地役权或者负担地役权的，设立土地承包经营权、宅基地使用权等用益物权时，该用益物权人继续享有或者负担已经设立的地役权。

第三百七十九条　土地上已经设立土地承包经营权、建设用地使用权、宅基地使用权等用益物权的，未经用益物权人同意，土地所有权人不得设立地役权。

第三百八十条　地役权不得单独转让。土地承包经营权、建设用地使用权等转让的，地役权一并转让，但是合同另有约定的除外。

第三百八十一条　地役权不得单独抵押。土地经营权、建设用地使用权等抵押的，在实现抵押权时，地役权一并转让。

第三百八十二条　需役地以及需役地上的土地承包经营权、建设用地使用权等部分转让时，转让部分涉及地役权的，受让人同时享有地役权。

第三百八十三条　供役地以及供役地上的土地承包经营权、建设用地使用权等部分转让时，转让部分涉及地役权的，地役权对受让人具有法律约束力。

第三百八十四条　地役权人有下列情形之一的，供役地权利人有权解除地役权合同，地役权消灭：

（一）违反法律规定或者合同约定，滥用地役权；

（二）有偿利用供役地，约定的付款期限届满后在合理期限内经两次催告未支付费用。

第三百八十五条　已经登记的地役权变更、转让或者消灭的，应当及时办理变更登记或者注销登记。

第四分编　担保物权

第十六章　一般规定

第三百八十六条　担保物权人在债务人不履行到期债务或者发生当事人约

定的实现担保物权的情形，依法享有就担保财产优先受偿的权利，但是法律另有规定的除外。

第三百八十七条 债权人在借贷、买卖等民事活动中，为保障实现其债权，需要担保的，可以依照本法和其他法律的规定设立担保物权。

第三人为债务人向债权人提供担保的，可以要求债务人提供反担保。反担保适用本法和其他法律的规定。

第三百八十八条 设立担保物权，应当依照本法和其他法律的规定订立担保合同。担保合同包括抵押合同、质押合同和其他具有担保功能的合同。担保合同是主债权债务合同的从合同。主债权债务合同无效的，担保合同无效，但是法律另有规定的除外。

担保合同被确认无效后，债务人、担保人、债权人有过错的，应当根据其过错各自承担相应的民事责任。

第三百八十九条 担保物权的担保范围包括主债权及其利息、违约金、损害赔偿金、保管担保财产和实现担保物权的费用。当事人另有约定的，按照其约定。

第三百九十条 担保期间，担保财产毁损、灭失或者被征收等，担保物权人可以就获得的保险金、赔偿金或者补偿金等优先受偿。被担保债权的履行期限未届满的，也可以提存该保险金、赔偿金或者补偿金等。

第三百九十一条 第三人提供担保，未经其书面同意，债权人允许债务人转移全部或者部分债务的，担保人不再承担相应的担保责任。

第三百九十二条 被担保的债权既有物的担保又有人的担保的，债务人不履行到期债务或者发生当事人约定的实现担保物权的情形，债权人应当按照约定实现债权；没有约定或者约定不明确，债务人自己提供物的担保的，债权人应当先就该物的担保实现债权；第三人提供物的担保的，债权人可以就物的担保实现债权，也可以请求保证人承担保证责任。提供担保的第三人承担担保责任后，有权向债务人追偿。

第三百九十三条 有下列情形之一的，担保物权消灭：

（一）主债权消灭；

（二）担保物权实现；

（三）债权人放弃担保物权；

（四）法律规定担保物权消灭的其他情形。

第十七章　抵　押　权

第一节　一般抵押权

第三百九十四条　为担保债务的履行，债务人或者第三人不转移财产的占有，将该财产抵押给债权人的，债务人不履行到期债务或者发生当事人约定的实现抵押权的情形，债权人有权就该财产优先受偿。

前款规定的债务人或者第三人为抵押人，债权人为抵押权人，提供担保的财产为抵押财产。

第三百九十五条　债务人或者第三人有权处分的下列财产可以抵押：

（一）建筑物和其他土地附着物；

（二）建设用地使用权；

（三）海域使用权；

（四）生产设备、原材料、半成品、产品；

（五）正在建造的建筑物、船舶、航空器；

（六）交通运输工具；

（七）法律、行政法规未禁止抵押的其他财产。

抵押人可以将前款所列财产一并抵押。

第三百九十六条　企业、个体工商户、农业生产经营者可以将现有的以及将有的生产设备、原材料、半成品、产品抵押，债务人不履行到期债务或者发生当事人约定的实现抵押权的情形，债权人有权就抵押财产确定时的动产优先受偿。

第三百九十七条　以建筑物抵押的，该建筑物占用范围内的建设用地使用权一并抵押。以建设用地使用权抵押的，该土地上的建筑物一并抵押。

抵押人未依据前款规定一并抵押的，未抵押的财产视为一并抵押。

第三百九十八条 乡镇、村企业的建设用地使用权不得单独抵押。以乡镇、村企业的厂房等建筑物抵押的，其占用范围内的建设用地使用权一并抵押。

第三百九十九条 下列财产不得抵押：

（一）土地所有权；

（二）宅基地、自留地、自留山等集体所有土地的使用权，但是法律规定可以抵押的除外；

（三）学校、幼儿园、医疗机构等为公益目的成立的非营利法人的教育设施、医疗卫生设施和其他公益设施；

（四）所有权、使用权不明或者有争议的财产；

（五）依法被查封、扣押、监管的财产；

（六）法律、行政法规规定不得抵押的其他财产。

第四百条 设立抵押权，当事人应当采用书面形式订立抵押合同。

抵押合同一般包括下列条款：

（一）被担保债权的种类和数额；

（二）债务人履行债务的期限；

（三）抵押财产的名称、数量等情况；

（四）担保的范围。

第四百零一条 抵押权人在债务履行期限届满前，与抵押人约定债务人不履行到期债务时抵押财产归债权人所有的，只能依法就抵押财产优先受偿。

第四百零二条 以本法第三百九十五条第一款第一项至第三项规定的财产或者第五项规定的正在建造的建筑物抵押的，应当办理抵押登记。抵押权自登记时设立。

第四百零三条 以动产抵押的，抵押权自抵押合同生效时设立；未经登记，不得对抗善意第三人。

第四百零四条 以动产抵押的，不得对抗正常经营活动中已经支付合理价款并取得抵押财产的买受人。

第四百零五条 抵押权设立前，抵押财产已经出租并转移占有的，原租赁关系不受该抵押权的影响。

第四百零六条 抵押期间,抵押人可以转让抵押财产。当事人另有约定的,按照其约定。抵押财产转让的,抵押权不受影响。

抵押人转让抵押财产的,应当及时通知抵押权人。抵押权人能够证明抵押财产转让可能损害抵押权的,可以请求抵押人将转让所得的价款向抵押权人提前清偿债务或者提存。转让的价款超过债权数额的部分归抵押人所有,不足部分由债务人清偿。

第四百零七条 抵押权不得与债权分离而单独转让或者作为其他债权的担保。债权转让的,担保该债权的抵押权一并转让,但是法律另有规定或者当事人另有约定的除外。

第四百零八条 抵押人的行为足以使抵押财产价值减少的,抵押权人有权请求抵押人停止其行为;抵押财产价值减少的,抵押权人有权请求恢复抵押财产的价值,或者提供与减少的价值相应的担保。抵押人不恢复抵押财产的价值,也不提供担保的,抵押权人有权请求债务人提前清偿债务。

第四百零九条 抵押权人可以放弃抵押权或者抵押权的顺位。抵押权人与抵押人可以协议变更抵押权顺位以及被担保的债权数额等内容。但是,抵押权的变更未经其他抵押权人书面同意的,不得对其他抵押权人产生不利影响。

债务人以自己的财产设定抵押,抵押权人放弃该抵押权、抵押权顺位或者变更抵押权的,其他担保人在抵押权人丧失优先受偿权益的范围内免除担保责任,但是其他担保人承诺仍然提供担保的除外。

第四百一十条 债务人不履行到期债务或者发生当事人约定的实现抵押权的情形,抵押权人可以与抵押人协议以抵押财产折价或者以拍卖、变卖该抵押财产所得的价款优先受偿。协议损害其他债权人利益的,其他债权人可以请求人民法院撤销该协议。

抵押权人与抵押人未就抵押权实现方式达成协议的,抵押权人可以请求人民法院拍卖、变卖抵押财产。

抵押财产折价或者变卖的,应当参照市场价格。

第四百一十一条 依据本法第三百九十六条规定设定抵押的，抵押财产自下列情形之一发生时确定：

（一）债务履行期限届满，债权未实现；

（二）抵押人被宣告破产或者解散；

（三）当事人约定的实现抵押权的情形；

（四）严重影响债权实现的其他情形。

第四百一十二条 债务人不履行到期债务或者发生当事人约定的实现抵押权的情形，致使抵押财产被人民法院依法扣押的，自扣押之日起，抵押权人有权收取该抵押财产的天然孳息或者法定孳息，但是抵押权人未通知应当清偿法定孳息义务人的除外。

前款规定的孳息应当先充抵收取孳息的费用。

第四百一十三条 抵押财产折价或者拍卖、变卖后，其价款超过债权数额的部分归抵押人所有，不足部分由债务人清偿。

第四百一十四条 同一财产向两个以上债权人抵押的，拍卖、变卖抵押财产所得的价款依照下列规定清偿：

（一）抵押权已经登记的，按照登记的时间先后确定清偿顺序；

（二）抵押权已经登记的先于未登记的受偿；

（三）抵押权未登记的，按照债权比例清偿。

其他可以登记的担保物权，清偿顺序参照适用前款规定。

第四百一十五条 同一财产既设立抵押权又设立质权的，拍卖、变卖该财产所得的价款按照登记、交付的时间先后确定清偿顺序。

第四百一十六条 动产抵押担保的主债权是抵押物的价款，标的物交付后十日内办理抵押登记的，该抵押权人优先于抵押物买受人的其他担保物权人受偿，但是留置权人除外。

第四百一十七条 建设用地使用权抵押后，该土地上新增的建筑物不属于抵押财产。该建设用地使用权实现抵押权时，应当将该土地上新增的建筑物与建设用地使用权一并处分。但是，新增建筑物所得的价款，抵押权人无权优先受偿。

第四百一十八条 以集体所有土地的使用权依法抵押的,实现抵押权后,未经法定程序,不得改变土地所有权的性质和土地用途。

第四百一十九条 抵押权人应当在主债权诉讼时效期间行使抵押权;未行使的,人民法院不予保护。

第二节 最高额抵押权

第四百二十条 为担保债务的履行,债务人或者第三人对一定期间内将要连续发生的债权提供担保财产的,债务人不履行到期债务或者发生当事人约定的实现抵押权的情形,抵押权人有权在最高债权额限度内就该担保财产优先受偿。

最高额抵押权设立前已经存在的债权,经当事人同意,可以转入最高额抵押担保的债权范围。

第四百二十一条 最高额抵押担保的债权确定前,部分债权转让的,最高额抵押权不得转让,但是当事人另有约定的除外。

第四百二十二条 最高额抵押担保的债权确定前,抵押权人与抵押人可以通过协议变更债权确定的期间、债权范围以及最高债权额。但是,变更的内容不得对其他抵押权人产生不利影响。

第四百二十三条 有下列情形之一的,抵押权人的债权确定:

(一)约定的债权确定期间届满;

(二)没有约定债权确定期间或者约定不明确,抵押权人或者抵押人自最高额抵押权设立之日起满二年后请求确定债权;

(三)新的债权不可能发生;

(四)抵押权人知道或者应当知道抵押财产被查封、扣押;

(五)债务人、抵押人被宣告破产或者解散;

(六)法律规定债权确定的其他情形。

第四百二十四条 最高额抵押权除适用本节规定外,适用本章第一节的有关规定。

第十八章　质　权

第一节　动产质权

第四百二十五条　为担保债务的履行，债务人或者第三人将其动产出质给债权人占有的，债务人不履行到期债务或者发生当事人约定的实现质权的情形，债权人有权就该动产优先受偿。

前款规定的债务人或者第三人为出质人，债权人为质权人，交付的动产为质押财产。

第四百二十六条　法律、行政法规禁止转让的动产不得出质。

第四百二十七条　设立质权，当事人应当采用书面形式订立质押合同。

质押合同一般包括下列条款：

（一）被担保债权的种类和数额；

（二）债务人履行债务的期限；

（三）质押财产的名称、数量等情况；

（四）担保的范围；

（五）质押财产交付的时间、方式。

第四百二十八条　质权人在债务履行期限届满前，与出质人约定债务人不履行到期债务时质押财产归债权人所有的，只能依法就质押财产优先受偿。

第四百二十九条　质权自出质人交付质押财产时设立。

第四百三十条　质权人有权收取质押财产的孳息，但是合同另有约定的除外。

前款规定的孳息应当先充抵收取孳息的费用。

第四百三十一条　质权人在质权存续期间，未经出质人同意，擅自使用、处分质押财产，造成出质人损害的，应当承担赔偿责任。

第四百三十二条　质权人负有妥善保管质押财产的义务；因保管不善致使质押财产毁损、灭失的，应当承担赔偿责任。

质权人的行为可能使质押财产毁损、灭失的，出质人可以请求质权人将质押财产提存，或者请求提前清偿债务并返还质押财产。

第四百三十三条 因不可归责于质权人的事由可能使质押财产毁损或者价值明显减少，足以危害质权人权利的，质权人有权请求出质人提供相应的担保；出质人不提供的，质权人可以拍卖、变卖质押财产，并与出质人协议将拍卖、变卖所得的价款提前清偿债务或者提存。

第四百三十四条 质权人在质权存续期间，未经出质人同意转质，造成质押财产毁损、灭失的，应当承担赔偿责任。

第四百三十五条 质权人可以放弃质权。债务人以自己的财产出质，质权人放弃该质权的，其他担保人在质权人丧失优先受偿权益的范围内免除担保责任，但是其他担保人承诺仍然提供担保的除外。

第四百三十六条 债务人履行债务或者出质人提前清偿所担保的债权的，质权人应当返还质押财产。

债务人不履行到期债务或者发生当事人约定的实现质权的情形，质权人可以与出质人协议以质押财产折价，也可以就拍卖、变卖质押财产所得的价款优先受偿。

质押财产折价或者变卖的，应当参照市场价格。

第四百三十七条 出质人可以请求质权人在债务履行期限届满后及时行使质权；质权人不行使的，出质人可以请求人民法院拍卖、变卖质押财产。

出质人请求质权人及时行使质权，因质权人怠于行使权利造成出质人损害的，由质权人承担赔偿责任。

第四百三十八条 质押财产折价或者拍卖、变卖后，其价款超过债权数额的部分归出质人所有，不足部分由债务人清偿。

第四百三十九条 出质人与质权人可以协议设立最高额质权。

最高额质权除适用本节有关规定外，参照适用本编第十七章第二节的有关规定。

第二节 权利质权

第四百四十条 债务人或者第三人有权处分的下列权利可以出质：

（一）汇票、本票、支票；

（二）债券、存款单；

（三）仓单、提单；

（四）可以转让的基金份额、股权；

（五）可以转让的注册商标专用权、专利权、著作权等知识产权中的财产权；

（六）现有的以及将有的应收账款；

（七）法律、行政法规规定可以出质的其他财产权利。

第四百四十一条 以汇票、本票、支票、债券、存款单、仓单、提单出质的，质权自权利凭证交付质权人时设立；没有权利凭证的，质权自办理出质登记时设立。法律另有规定的，依照其规定。

第四百四十二条 汇票、本票、支票、债券、存款单、仓单、提单的兑现日期或者提货日期先于主债权到期的，质权人可以兑现或者提货，并与出质人协议将兑现的价款或者提取的货物提前清偿债务或者提存。

第四百四十三条 以基金份额、股权出质的，质权自办理出质登记时设立。

基金份额、股权出质后，不得转让，但是出质人与质权人协商同意的除外。出质人转让基金份额、股权所得的价款，应当向质权人提前清偿债务或者提存。

第四百四十四条 以注册商标专用权、专利权、著作权等知识产权中的财产权出质的，质权自办理出质登记时设立。

知识产权中的财产权出质后，出质人不得转让或者许可他人使用，但是出质人与质权人协商同意的除外。出质人转让或者许可他人使用出质的知识产权中的财产权所得的价款，应当向质权人提前清偿债务或者提存。

第四百四十五条 以应收账款出质的，质权自办理出质登记时设立。

应收账款出质后，不得转让，但是出质人与质权人协商同意的除外。出质人转让应收账款所得的价款，应当向质权人提前清偿债务或者提存。

第四百四十六条 权利质权除适用本节规定外,适用本章第一节的有关规定。

第十九章　留　置　权

第四百四十七条 债务人不履行到期债务,债权人可以留置已经合法占有的债务人的动产,并有权就该动产优先受偿。

前款规定的债权人为留置权人,占有的动产为留置财产。

第四百四十八条 债权人留置的动产,应当与债权属于同一法律关系,但是企业之间留置的除外。

第四百四十九条 法律规定或者当事人约定不得留置的动产,不得留置。

第四百五十条 留置财产为可分物的,留置财产的价值应当相当于债务的金额。

第四百五十一条 留置权人负有妥善保管留置财产的义务;因保管不善致使留置财产毁损、灭失的,应当承担赔偿责任。

第四百五十二条 留置权人有权收取留置财产的孳息。

前款规定的孳息应当先充抵收取孳息的费用。

第四百五十三条 留置权人与债务人应当约定留置财产后的债务履行期限;没有约定或者约定不明确的,留置权人应当给债务人六十日以上履行债务的期限,但是鲜活易腐等不易保管的动产除外。债务人逾期未履行的,留置权人可以与债务人协议以留置财产折价,也可以就拍卖、变卖留置财产所得的价款优先受偿。

留置财产折价或者变卖的,应当参照市场价格。

第四百五十四条 债务人可以请求留置权人在债务履行期限届满后行使留置权;留置权人不行使的,债务人可以请求人民法院拍卖、变卖留置财产。

第四百五十五条 留置财产折价或者拍卖、变卖后,其价款超过债权数额的部分归债务人所有,不足部分由债务人清偿。

第四百五十六条 同一动产上已经设立抵押权或者质权,该动产又被留置的,留置权人优先受偿。

第四百五十七条 留置权人对留置财产丧失占有或者留置权人接受债务人另行提供担保的，留置权消灭。

第五分编　占　有

第二十章　占　有

第四百五十八条 基于合同关系等产生的占有，有关不动产或者动产的使用、收益、违约责任等，按照合同约定；合同没有约定或者约定不明确的，依照有关法律规定。

第四百五十九条 占有人因使用占有的不动产或者动产，致使该不动产或者动产受到损害的，恶意占有人应当承担赔偿责任。

第四百六十条 不动产或者动产被占有人占有的，权利人可以请求返还原物及其孳息；但是，应当支付善意占有人因维护该不动产或者动产支出的必要费用。

第四百六十一条 占有的不动产或者动产毁损、灭失，该不动产或者动产的权利人请求赔偿的，占有人应当将因毁损、灭失取得的保险金、赔偿金或者补偿金等返还给权利人；权利人的损害未得到足够弥补的，恶意占有人还应当赔偿损失。

第四百六十二条 占有的不动产或者动产被侵占的，占有人有权请求返还原物；对妨害占有的行为，占有人有权请求排除妨害或者消除危险；因侵占或者妨害造成损害的，占有人有权依法请求损害赔偿。

占有人返还原物的请求权，自侵占发生之日起一年内未行使的，该请求权消灭。